REVUE

DE

L'EXPOSITION GÉNÉRALE

DE BORDEAUX.

EXTRAIT
DU *MONITEUR UNIVERSEL.*

PARIS
IMPRIMÉ PAR E. THUNOT ET Ce,
26, RUE RACINE.
—
MDCCCLX

A Monsieur E. DE MENTQUE, *préfet de la Gironde, commandeur de l'ordre impérial de la Légion-d'honneur,* etc.

Monsieur le Préfet,

L'Exposition de Bordeaux a été l'un des grands faits de votre administration, qui a tant concouru à son éclat par l'appui que vous avez prêté à la Société philomathique. — Dans le compte rendu qu'il en a fait, *le Moniteur* n'a pas manqué de signaler vos droits à la reconnaissance des exposants qui, de tous les points de la France, sont venus, dans les circonstances les plus difficiles, montrer la puissance et les progrès de notre industrie nationale.

Aujourd'hui, c'est l'auteur lui-même des articles publiés par le journal officiel qui, plein de gratitude pour la bienveillance que vous lui avez témoignée, vient vous demander la permission de placer sous vos auspices ce petit volume, destiné à consacrer le souvenir de cette solennité grandie encore par l'auguste visite de LL. MM. l'Empereur et l'Impératrice.

J'ai l'honneur d'être avec un profond respect,

Monsieur le Préfet,

Votre très-humble serviteur,

L'Auteur.

PRÉFACE.

La dixième exposition industrielle de Bordeaux a été inaugurée le 20 juillet 1859, sous le patronage de M. E. de Mentque, préfet du département, et avec le concours du conseil général de la Gironde, du corps municipal et de la chambre de commerce de Bordeaux, par les soins de la Société philomathique. La Société était alors présidée par M. Alexandre Léon, dont le zèle éclairé et persévérant, secondé par M. Soulié-Cottineau, secrétaire, a préparé le succès de ce grand fait industriel et commercial.

Un emplacement de 25,000 mètres de superficie, sur lequel 10,000 mètres environ étaient occupés par des galeries couvertes, avait reçu les produits envoyés par treize cent quarante-six exposants, venus de tous les points de la France.

Le 12 octobre, l'exposition fut honorée de la visite de Leurs Majestés l'Empereur et l'Impératrice. Pendant cette visite, Sa Majesté l'Empereur remit la croix de la Légion d'honneur à MM. Beaufils, fabricant d'ébénisterie, Cabanes, minotier, Jackson père, fabricant d'acier, et à M. Soulié-Cottineau, secrétaire général de la Société philomathique.

Les produits exposés furent examinés par un jury composé de soixante membres dont cinquante délégués de la Société philomathique, et dix appelés de Paris à cet effet, MM. Alcan, professeur au Conservatoire, M. l'ingénieur Alphand, MM. Armengaud aîné, ingénieur civil, Barbier, administrateur des douanes, Barreswil, chimiste, Elwart, professeur au Conservatoire de musique, Garros, inspecteur de la Vieille-Montagne, Ch.-L. Livet, littérateur, Salvetat, directeur des travaux chimiques à la Manufacture de Sèvres, Tresca, sous-directeur du Conservatoire des arts et métiers.

Terminée le 7 novembre 1859, l'exposition fut suivie, le 27 du même mois, de la distribution des récompenses décernées aux exposants. Ces récompenses, au nombre de 829, se décomposent de la manière suivante :

> 27 DIPLOMES D'HONNEUR, avec une médaille commémorative aux exposants hors ligne qui ont déjà obtenu de hautes récompenses.
> 24 MÉDAILLES D'OR offertes par la ville de Bordeaux.
> 3 *rappels* de médailles d'or.
> 78 MÉDAILLES D'ARGENT DE 1re CLASSE, offertes par la chambre de commerce de Bordeaux.
> 5 *rappels* de médailles d'argent de 1re classe.
> 151 MÉDAILLES D'ARGENT DE 2e CLASSE offertes par S. Ex. le ministre de l'agriculture et du commerce.
> 6 *rappels* de médailles d'argent de 2e classe.
> 224 MÉDAILLES DE BRONZE.
> 14 *rappels* de médailles de bronze.
> 319 MENTIONS HONORABLES.

Le présent opuscule est la réimpression exacte des articles publiés dans *le Moniteur universel* à l'occasion de l'exposition de Bordeaux. Quelques mots seulement ajoutés au texte primitif nous ont permis de le compléter sur plusieurs points.

Nous avons pensé que ces articles, par leur réunion même, pourraient offrir assez d'intérêt pour survivre à la circonstance qui les a provoqués.

TABLE ALPHABÉTIQUE

DES NOMS CITÉS DANS L'OUVRAGE (1).

A

	Pages.
ALEXANDRE jeune, miroitier, faubourg Saint-Antoine, 91	47
ALEXANDRE père et fils, facteurs d'orgues, rue Meslay, 39	72
ALLEZ frères, 1, rue Saint-Martin.	41,122
ANQUETIN, horloger, rue Neuve-Saint-Eustache, 45	55
ARDANT, fabricant de porcelaine, à Limoges	51
ARMAN, constructeur de navires à Bordeaux	60
ARNAUDIN, agriculteur, à Labouheyre	106,108
AUCHER frères, facteurs de pianos, rue de Bondy, 44	72
AVISSEAU, potier faïencier, à Tours.	49

B

BACHAN, BERTRIN et Cⁱᵉ, minotiers, à Laubardemont	15
BANEAU	34
BARBEDIENNE, fab. de bronzes d'art, 50, boulevard Bonne-Nouvelle.	5,6,68
BARBEZAT et Cⁱᵉ, au Val-d'Osne.	63,122
BARBIER, fabr. de cigares, à Alger.	87
BARBIER, rue Michel-le-Comte, 25, à Paris	125
BARBIZET, potier faïencier, place du Trône, 17	49
BARROU, rue Montmartre, 35.	47,122
BARTHER, directeur de la maison correctionnelle d'éducation, à Toulouse	56
BASSIÉ et fils, rue Sainte-Colombe, 6, à Bordeaux	64
BAUDOUIN frères, rue Saint-Denis, 280, à Paris	130
BEAUFILS, fabricant de meubles, à Bordeaux	3,40,46
BÉLIARD, au Bouscat, près Bordeaux.	119
BELICART, chaussée des Martyrs, 10, à Paris	16
BELLOC, petite rue Pont-Long, 30, à Bordeaux	40
BERGEON et Cⁱᵉ, allées d'Orléans, 28, à Bordeaux	62
BÉLANGER, à St-Pierre (Martinique).	80
BERGERET, fossés de l'Intendance, à Bordeaux	72
BERT aîné, cours de l'Impératrice, 197, à Bordeaux	24
BERTRAND, rue de Ménilmontant, 8, Paris	119
BESSON frères, rue du Réservoir, 10, Bordeaux	28
BESSON, rue des Trois-Couronnes, 7, Paris	72
BISSON frères, photographes, rue Garancière, 8, Paris	131
BLANZY, à Boulogne-sur-Mer.	46,130
BLOC, rue Saint-Remi, Bordeaux.	26,46
BOENSCH, à Kouba, près Alger.	88
BONNE (M. DE), rue Vinaigre, 17, Toulouse	65
BONNEVILLE	35

(1) Nous aurions désiré joindre au nom de chaque industriel, la liste des récompenses obtenues par lui tant à l'exposition de Bordeaux qu'à d'autres concours; mais ces renseignements, à deux ou trois exceptions près, nous ayant fait défaut, nous avons dû nous abstenir pour tous de ce qui eût semblé un privilège pour quelques-uns.

	Pages.
BORIE et Cie, rue de la Muette, 35, Paris.	22
BOSSÈS, rue Lecoq, 22, Bordeaux.	75
BOUILLON et MULLER, rue de Chabrol, 33, Paris.	55,56,126
BOUILLY fils, cours d'Albret, 2, Bordeaux.	31
BOUNEVIALLE, à Alger.	89
BOUREAU et fils, cours de Tourny, 43, Bordeaux.	46
BOUTUNG, faubourg Saint-Antoine, Paris.	41
BOY, rue Saint-Louis au Marais, 96, Paris.	71
BRANSOUILLET, à Alger.	86
BRAQUENIÉ frères, à Aubusson (Creuse).	6,77
BRESSLER, fact. de pianos, à Nantes.	72
BRIOLLE (G. DE) et Cie, rue de Lormont, 87, Bordeaux.	21

C

CABANES et ROLLAND, quai de Paludate, 51, Bordeaux.	66
CABASSON, chaussée d'Antin, 15, Paris.	130
CAIL, quai de Billy, 48, Paris.	74
CALARD, 2, rue du Regard.	63,120,121
CALLAUD, horloger, à Nantes.	57
CALLEBAUT, passage Choiseul, à Paris.	42,120
CANONVILLE, fossés de l'Intendance, 11, Bordeaux.	27
CANQUOIN, rue Napoléon, 18, Marseille.	45
CARRÉ et Cie, avenue Porte-Maillot, Paris.	122
CASSARD et TERROLLE, quai Baco, Nantes.	52
CAUDERÈS, allées de Tourny, Bordeaux.	73
CERF et NAXARA, fossés de l'Intendance, 49, Bordeaux.	46
CHABOT DE LUSSAY, à Jau (Gironde).	105
CHAIGNEAU frères, à Lormont (Bordeaux).	60
CHAMBRELENT, rue du Champ-de-Mars, 10, Bordeaux.	7,114
CHARLES et Cie, quai de l'École, 16, Paris.	55,127
CHARPENTIER, à Nantes et à Paris.	6,44
CHAZEL et REIDON, à Alger.	87

	Pages.
CHÉNEAUX, à Macouba (Martinique).	80
CHEVREAU-LORRAIN, à Saumur.	16
CHRISTOFLE, r. de Bondy, 56, Paris.	5,68
CLÉMENT et MAZEAU, à Périgueux.	39,40
CLERC et TESSIER, à Bordeaux.	101
COIGNET, père, fils et Cie, rue Rabelais, 1, à Lyon.	36
COIGNET frères, rue Rabelais, 1, Lyon.	36
COIGNET (FR.), quai Jemmapes, 220, Paris.	128
CORNU, rue du Chemin-Vert, 35, Paris.	125
CORNILLIER et CHAUVEAU, à Nantes.	15
COSTER (A. DE), constructeur-mécanicien, rue Stanislas, 9, Paris.	75,116
COUDERC, à Jurançon, près Pau.	23
COUDERC et SOUCARET, à Montauban.	76
COULANJON, rue Bab-Azoun, 6, Alger.	84,85
COURTOIS, rue Bergère, 26, Paris.	129
COUSIN frères, rue Lafayette, 5, Bordeaux.	74
CREUZÉ, à Châtellerault.	62
CURMER, rue Richelieu, 47, Paris.	6,44

D

DALIFOL, 306, quai Jemmapes, à Paris.	120,121
DANEY frères, place Sainte-Croix, Bordeaux.	64
DARBEY et LATREILLE, allées de Tourny, 2, Bordeaux.	67
DAUBRÉE, fabr. de bijoux et de bronzes d'art, à Nancy et à Paris, boulevard de Strasbourg, 48.	6,68
DAULNOY et LECORNEY, à Malzeville, près Nancy.	20
DEBAIN, place la Fayette, Paris.	72
DELAIL, passage Jouffroy, Paris.	28
DELISKE, à Blanquefort (Gironde).	76
DELMAS, à Périgueux.	62
DESCHAMPS frères, à Vieux-Jean-d'Heurs (Meuse).	38
DESESPRINGALLE, à Lille.	57
DETOUCHE, rue Saint-Martin, 228 230, Paris.	55
DEVERS, avenue de la Santé, à Montrouge (Paris).	49
DEVISME, boulevard des Italiens, 36, Paris.	62,124

TABLE ALPHABÉTIQUE.

	Pages.
DEZAUNAY, rue Deurbrouck, 4, Nantes	32
DIEHL, rue Michel-le-Comte, 19, Paris	41
DIETZ, quai de Paludate, 11, Bordeaux	75
DIGNEY frères, Paris	125
DORÉ et Cie, rue du Jardin-des-Plantes, 21, Bordeaux	28,46
DUFOUR frères, rue Saint-Martin, à Périgueux	62
DUMAS, fabr. de papier, à Creysse, près Bergerac (Dordogne)	39
DUMAS, à Alger	87
DURET aîné et BOURGEOIS, rue Saint-Fiacre, à Vaugirard (Paris)	38
DUTERTRE frères, rue d'Angoulême du Temple, 66, Paris	52
DUVAL, rue des Vertus, 20, à la Villette (Paris)	119
DUVERGÉ, rue du Saujon, 41, Bordeaux	64
DUVIGNEAU, à Audenge (Gironde)	104

E

ESCOUBÉ (Mme), rue des Arts, 20, Toulouse	29
ESPÉRON frères, LAGRÈZE et SÉJAL, à Ichoux et à Pontens (Landes)	103
ENFER (D') frères, à Ivry (Paris)	38
ESTIVANT frères, à Givet	64

F

FAGALDE, à Cambo	16
FAJAN, rue St-Claude, 102, Bordeaux	63
FALCOT et Cie, à Lyon	54
FALGUIÈRE, à Marseille	66
FAURE, à Lille	37
FERGUSON aîné et fils, à Amiens	29
FERRÈRE, à Soix (Ariège), et rue Las Cases, 10, Paris	65
FORT, à Saint-Jean-Pied-de-Port	77
FOUCHÉ, à St-Pierre (Martinique)	80
FOURNET ET COUTANCEAU, cours de l'Impératrice, Bordeaux	37
FRAGNEAU, rue Saubat, 56, Bordeaux	75
FRITZ-SOLLIER (Mme ve), à Caudéran (Bordeaux)	39

G

GAIFFE, rue de Savoie, 4, Paris	57
GAILLARD frères, rue de la Verrerie, 77, Paris	125
GALLAIS, impasse Saint-Sébastien, Paris	41
GALLAN (de), à Alger	88
GALLOIS, île de Ré	61
GALUP, à Soussans (Gironde)	103
GANDILLOT, rue Turgot, Paris	25,122
GARGAN et Cie, rue de Valenciennes, 7, à la Villette (Paris)	75
GAULTIER, place Louis-Napoléon, Toulouse	54
GÉRUZET, à Bagnères-de-Bigorre	6,40
GILLET et BRIANCHON, rue de Fenélon, 7, Paris	51
GIORSELLO, à St-Pierre (Martinique)	80
GIRARD, rue St-Maur, 157, Paris	130
GODET, r. St-Hubert, 31, Bordeaux	61
GOELZER, faubourg Saint-Martin, 113, Paris	125
GOMILA, à Boudzaréah, près Alger	88
GOUNOUILHOU, place Puy-Paulin, 1, Bordeaux	44
GRADOS, rue Amelot, 64, Paris	69,121
GRANGER, faub. St-Martin, Paris	72
GRANIÉ frères, rue Saint-Antoine du T, Toulouse	41
GRELLET, 16, rue Mazagran, Paris	56,130
GUÉRET frères, 7, rue de Buffaut, Paris	6,40
GUESDE, à la Pointe-à-Pître (Guadeloupe)	80
GUEYTON, rue d'Alger, 10, Paris	68
GUICHENÉ (l'abbé), à Saint-Médard, près Mont-de-Marsan	73
GUIGNAN frères, à Sainte-Terre (Gironde)	61
GUIOLET-QUENESSON, à Fort-de-France (Martinique)	80
GUIOT-LALIGANT, rue de l'Etelon, 18, Orléans	24
GUIRAUD et fils, à Trèbes, près Carcassonne	22

H

HÆFFELY fils, à Mulhouse	76
HAFFNER frères, passage Jouffroy, Paris	53,124

TABLE ALPHABÉTIQUE.

HALLIÉ père, allées d'Orléans, 10, Bordeaux. 31
HALLIÉ fils, rue Neuve-Coquenard, 19, Paris. 53,125
HARDOUIN et fils, 26, rue Bréda, Paris. 23
HARDY, à Alger. 84
HARDY et MICHELET, rue de Lyon, Paris. 122
HAYEM, rue du Sentier, 38, Paris. 27
HÉMERY, rue du Temple, 118, Paris. 67
HERDEVIN, rue du Grand-Saint-Michel, 11, Paris. 64,125
HERMANN, 92, rue de Charenton, Paris. 119
HERNOT, à Lannion (Côtes-du-Nord) 66
HOUETTE et Cie, faubourg Montmartre, Paris. 129
HUBERT fils, rue de Thorigny, 4, Paris. 125

J

JACKSON et fils et Cie, à Saint-Seurin-sur-l'Ile (Gironde). 78
JALOUREAU et Cie, route d'Asnières, 115, Clichy. 25
JAVAL, à Arès (Gironde), et rue Chauchat, 10, Paris. 106
JAVELLE, à Châlon-sur-Saône. . . 41
JONES, rue de La Franchise, 1, Bordeaux. 48
JOUVIN, rue de Rougemont, 1, Paris. 29

K

KRIEGELSTEIN, facteur de pianos, rue Laffitte, 53, Paris. 72

L

LABBAYE, rue du Caire, 17, Paris. 72
LACOMBE, rue Neuve, à Tonneins. 61
LACOU (Jean), à Arcachon. 15
LACROIX, fabr. de couleurs, faub. Saint-Denis, 148, Paris. 52
LACROIX, meubles en fer, aux Tornes (Paris). 122
LAFAYE et Cie, rue du Saujon, Bordeaux. 61
LAFONTAN, à Cap-Breton. 109
LAGE, à Auch (Gers). 54

LAGNIER, Fossés de l'Intendance, 10, Bordeaux. 41
LAPIERRE, à Cestas (Gironde). . . 103
LARIVIÈRE, gérant des ardoisières d'Angers. 19,20,127
LAROQUE et JACQUEMET, rue Lecoq, 16, Bordeaux. 6,77
LATERRIÈRE (de) et Cie, chemin de ronde de la barrière Blanche, 9, Paris. 123
LATRY, rue du Théâtre, 46, Grenelle (Paris). 23,38,130,131
LAUMONIER et GAUDIN, impasse de l'Union, 2, Bordeaux. 63
LAVIGNE et PRÉLAT, à Clermont-Ferrand. 38-39
LEBLANC, rue Ste-Apolline, 2, Paris 43
LEBRUN, à Angers. 24
LEFIÉVRE, rue faub. St-Antoine. . 41
LÉON (Alex.), à Bordeaux 2,7,107,114
LÉON (Mme Émile), à Sainte-Croix, près Bayonne. 35
LEPAN, à Lille. 25
LESPINASSE frères, route de Bayonne, 120, Bordeaux. 48
LIEUZÈRE, place Saint-André, 1, Bordeaux. 48
LIPPMANN - SCHNECKENBURGER et Cie, rue St-Louis, 16, Paris. . . 129
LORIS et BERNARD, rue Ste-Catherine, 203, Bordeaux. 55
LOCHE (M. le commandant), à Alger 82
LOIZEAU, à Passy (Seine). 130
LOUIT frères, à Bordeaux. 16
LUNEAU, rue Palaprat, 21, Toulouse 61

M

MALINEAU frères, allées des Noyers, 87, Bordeaux. 15
MARÇAIS, rue Boisnot, 17, Angers. 39
MARENGO, maire de Douéra (Algérie). 88
MARQFOY, cours du Jardin public, 110, Bordeaux. 67
MARTIN (G.-C.), quai Valmy, 103, Paris. 125
MARTIN, relieur, rue du Hâ, 7, Bordeaux. 46
MARTIN, fabr. de pianos, Toulouse. 72
MARTIN-DELACROIX, rue Sainte-Marguerite-Saint-Antoine, Paris. 130
MARTINET jeune, rue Saint-Claude, 132, Bordeaux. 47

TABLE ALPHABÉTIQUE.

	Pages.
MASSON fils, 20, rue de Châlons, Paris	65,120
MAXWELL-LYTE, à Bagnères de Bigorre	45
MAYER, rue du Temple, 50, Paris	120
MAYNARD, SIMON et BOUDET, rue Fondaudége, 7, Bordeaux	47
MERCURIN, maire de Cherogas (Algérie)	88
MERLE et Cie, à Alais (Gard)	37
METTRAY (la colonie de), Indre-et-Loire	7,22,32
MIDI (Cie des chemins de fer du), à Bordeaux	75
MILISCH, rue Portefoin, 17, Paris	67
MILLION, GUIET et Cie, rue Montholon, 26, Paris	77
MONDOLLOT frères, rue du Château-d'Eau, 94, Paris	130
MONNIER-NOEL, à Nîmes	63
MONNIER et GARNIER, à Nîmes	76
MORIAC, rue Villejust, à Passy (Paris)	130

N

NISSOU, rue de Chabrol, Paris	45
NOURRIGAT, à Lunel (Hérault)	30

O

OLIVEAU, quai de la Douane, 7, Bordeaux	46
ORLÉANS (Cie des chemins de fer d'), boulev. de l'Hôpital, 7, Paris	65

P

PALLISER, à Alger	87
PANIS-GREGORY et Cie, rue d'Armaillé, 7, aux Ternes (Paris)	125
PAQUERÉE, à Castillon-sur-Dordogne	54
PAROD et fils, faub. Saint-Martin, 95, Paris	119
PATROUILLEAU, rue de la Chartreuse, 31, Bordeaux	43
PAUVERT (l'abbé)	78
PAVY, ferme de Girardot, à Henri-le-Roi (Indre-et-Loire)	34
PENANT, rue de l'Arbre-Sec, 60, Paris	130

	Pages.
PENIN, à Bayonne	16
PEPIN, à Saint-Genès de Lombaud	34
PÉRIN, rue du faub. Saint-Antoine, 97, Paris	119
PERREAU, à Alger	87
PETIT-LAFFITTE, professeur d'agriculture à Bordeaux	109
PETIT et CABROL, rue des Trois-Conils, 46, Bordeaux	67
PEUCHOT (société des verreries de)	48
PIALOUX, à Agen	32
PLANCHON, avenue Sainte-Foy, 1, Neuilly-sur-Seine	77
PLEYEL, WOLFF et Cie, rue Rochechouart, 22, Paris	72
POIREL, président de chambre à Amiens	30
POIRIER, à Châteaubriant	28
PRÉTERRE, chirurgien-dentiste, boulevard des Italiens, 29, Paris	60
PRUD'HOMME, 2, rue Saint-Martin, Paris	37,125,126

R

RAABE et Cie, à Rive-de-Gier	47
RABOISSON et Cie, rue Leyteire, 16, Bordeaux	45
RANDAL-LECORNU, rue Perceval, 22, Plaisance (Paris)	125
RAPP, rue Feydeau, 18, Paris	119
REQUILLART, ROUSSEL et CHOCQUEEL, rue Vivienne, 20, Paris	6,77
RÉMUZAT et DUMAS, rue Bouffard, 25, Bordeaux	76
RENAUD et LOTZ, à Nantes	7,31
REVERCHON, à Birkadem (Algérie)	88
RIBAILLIER et MAZAROZ, boulevard des Filles-du-Calvaire, 20, Paris	6,40
RICHIER, au château de Ludon (Gironde)	32,112
RIESS, à Dieuze (Meurthe)	38
RIVAL, rue Beaurepaire, 18, Paris	125
ROCHETTE, rue d'Assas, 22, Paris	44
RODEL et fils frères, rue du Jardin-Public, 37, Bordeaux	15
ROMAIN et PALYART, rue Martel, Paris	45
ROUSSEAU, à St-Pierre (Martinique)	80
RUCHET et Cie, rue de Flandres, 55, à La Villette, Paris	128

TABLE ALPHABÉTIQUE.

S

	Pages.
SAINT-GOBAIN (manufacture de).	48
SAINTOIN, à Orléans.	16
SARRAILLE, rue Porte-Dijeaux, 81, Bordeaux.	69
SARRAZIN fils, rue Bouquière, 29, Bordeaux.	34
SAZERAT, à Limoges.	50
SCHMID et Cie, verrerie de Vannes (Meurthe).	48
SCHRADER, à Bordeaux.	34,88
SEBILLE, rue Dudrêne, 4, Nantes.	25
SUSSE frères, pl. de la Bourse, Paris.	68

T

TABORIN, rue Amelot, 62. Paris.	47,122
THÉLON, à Alger.	87
THÉNARD, Palais-Royal, 47, Paris.	68
THIRY jeune, rue Bergère, 9, Paris.	122
THORÉ (L. de), à Lamentin (Martinique).	80
THOREL et Cie, rue Tronchet, 28, Paris.	55,126
TISSIER aîné et fils, au Conquet (Finistère).	37
TOSCAN et Cie, au Bouscat, près Bordeaux.	28
TOURBAT, rue des Ayres, 47, Bordeaux.	21
TOURNIER, rue Saint-Sauveur, 31, Paris.	130
TRICOTEL, rue des Vinaigriers, 37, Paris.	122
TRITSCHLER, à Limoges.	7,31
TROTTIER frères et SCHWEPPE, à Angers.	43

U

	Pages.
ULMER, à Bordeaux.	63

V

VAISSIER (Guy), cours Napoléon, 48, Bordeaux.	53
VAUVRAY frères, rue des Marais-Saint-Martin, 37, Paris.	6,69
VERDIÉ, à Villemarie, près La Teste (Gironde).	111
VERDIN et FLASSELLIÈRES, à Alger	87
VIEILLARD et Cie, quai de Bacalan, 77, Bordeaux.	50
VIEILLE-MONTAGNE (société de la), rue Richer, à Paris.	69,70,121
VIGNON, VINSAC frères et LAMARQUE, rue du Ménage, à Angoulême.	27
VINCENDON, rue Fondaudège, 155, Bordeaux.	28
VINGTRINIER, quai St-Antoine, 35, Lyon.	44
VIREBENT frères, à Toulouse.	23
VORSTER, à Monfourrat.	38

W

WARNIER, ferme de Kaudouci (Algérie).	88

Y

YVOY.	7,108,114

Z

ZELLER et Cie, à Ollwiller, près Soultz (Haut-Rhin).	25

FIN DE LA TABLE.

REVUE

DE

L'EXPOSITION GÉNÉRALE

DE BORDEAUX

L'exposition ouverte à Bordeaux le 20 juillet 1859 est la dixième dont la Société philomathique de cette ville ait pris l'initiative. Comme en 1854 déjà pour la première fois, tous les industriels de France ont été, cette année aussi, conviés à y prendre part. Un rapprochement, qui ne saurait passer inaperçu, c'est que les expositions régionales de Bordeaux sont devenues générales avant même que les expositions centrales tendissent à devenir universelles. La grande solennité industrielle de 1854 avait été comme la préface de ce livre d'or qui devait s'ouvrir le 1er mai 1855. Celle de 1859, plus brillante encore, est elle-même un livre plein d'enseignements et qui consacre aussi de vrais et utiles succès.

L'autorité supérieure, l'administration communale et

la chambre de commerce ont uni leurs efforts à ceux de la Société philomathique pour atteindre le but qu'elle se proposait sous l'intelligente initiative de son président M. Alexandre Léon. Il faut féliciter tous les hommes éminents qui se sont associés à ses efforts, d'avoir compris que l'État ne peut tout faire, et que, comme le disait en 1854 M. le directeur général de l'agriculture et du commerce, il reste encore dans son véritable rôle de tutelle et de protection en accordant à ces solennités et aux récompenses qui les suivent une sorte de caractère officiel de nature à en augmenter la valeur.

Spécialement consacrée aux produits de l'agriculture, de l'industrie et des arts industriels, l'exposition actuelle de Bordeaux présente deux caractères particuliers : d'abord elle n'admet pas les beaux-arts; ensuite, comme nous l'avons dit, elle est générale.

Si les beaux-arts n'ont pas été admis, en principe du moins, à l'exposition de Bordeaux, il faut s'en prendre surtout à la difficulté où se seraient trouvés les organisateurs de réunir un nombre satifaisant d'œuvres de mérite au moment où Paris avait fait appel aux artistes de la France entière pour une exposition spécialement artistique; la Société philomathique n'eût eu à accueillir que les retardataires ou les impuissants : elle a préféré s'abstenir. Ce caractère tout industriel de la nouvelle exposition ne pouvait avoir pour effet d'exclure ces travaux heureux où l'industrie réclame impérieusement l'alliance de l'art; il est facile de s'en convaincre, je ne dis pas seulement en voyant des œuvres de bijouterie, des tapis ou des meubles, mais à la vue même des machines qui sembleraient le moins susceptibles, par leurs usages spéciaux, d'offrir à l'œil les caractères propres de la beauté, objet de l'art.

Qu'on ne s'y trompe pas en effet. Si la France manufacturière exerce une incontestable influence sur l'Europe et le monde même, c'est au bon goût de ses industriels de toutes les classes qu'elle doit cette supériorité. Or ce bon goût, répandu en France par nos écoles de dessin et nos cours publics, encouragé par des récompenses aux expositions, ramené dans sa voie, s'il s'égare, par la sévérité des jurys et du public, ce n'est pas seulement dans l'ornementation qu'il existe et qu'on l'apprécie, c'est aussi dans l'habile ajustement, dans les heureuses proportions des parties, dans le rapport des objets à leur destination propre ; rien n'est plus artistique à ce point de vue que les objets en apparence les plus dissemblables : un meuble de Beaufils, par exemple, ou une machine sortie de chez M. Cail. Aussi quand les hommes qui ont épuisé toute la série des récompenses et dont le nom est illustre dans leur industrie, soit M. Cail, soit M. Christofle, soit M. Barbedienne, veulent bien envoyer aux expositions quelques-uns de leurs produits, on leur doit une véritable reconnaissance : comme pourraient le faire Sèvres ou les Gobelins, ils rendent de vrais services en fournissant à des concurrents qu'ils ont dépassés d'excellents modèles à imiter, dans l'intérêt commun de l'art et de l'industrie.

Cette divulgation du bon goût par les bons modèles est un des plus précieux effets des expositions en général ; là les concurrents s'éclairent par le rapprochement de leurs produits ; le public y apprend à mieux juger, par des comparaisons nécessaires ; et, pour les uns comme pour les autres, l'enseignement serait complet si les jurys d'examen, ordinairement trop peu sévères, ne prodiguaient pas leurs récompenses : assurément les médailles, les mentions, les citations au rapport, accordées par l'Exposition de 1854, auraient eu plus de valeur si, à cette distribution trop générale des prix, la Société philomathique n'avait pas décerné, pour six cents exposants, près de cinq cents récompenses. Espérons que son indulgence ne prendra pas, cette année, d'aussi formidables proportions.

L'exposition actuelle a attiré un nombre plus que double d'industriels ; le dernier inscrit porte au catalogue le n° 1308, et une cinquantaine d'autres ont été admis encore après lui. Sans parler des exposants établis à Bordeaux ou dans cette région du midi qui comprend Bayonne, Tarbes, Toulouse, Auch, Pau, Carcassonne, etc., et dont Bordeaux est la capitale; sans parler des exposants de Paris ou des environs, Neuilly, Clichy, etc., il est certain que le quart des objets exposés a été envoyé de tous les points de la France. Nantes, Lyon, Marseille, Angers, Strasbourg, Nancy, Rouen même, malgré son exposition si brillante aussi à la même époque, sont les villes qui ont apporté le plus large tribut.

Citons encore dans la région du nord-ouest : Dieppe, Lisieux, Caen, Alençon, Breteuil, Avranches, Elbeuf, le Havre ;

Dans la région du nord : Amiens, Arras, Lille, Boulogne-sur-Mer, Marquise, Lourches, Valenciennes, Orchies ;

Dans la région du nord-est : Metz, Besançon, Bar-le-Duc, Bischwiller, Ronceux, Dieuze, Mulhouse, Duttlenheim, Belfort, Rethel, Basse-Yutz, Vieux-Jean-d'Heurs, Lunéville, Baume-les-Dames, Givet, Remiremont, Dôle, Écrille, Morez-du-Jura, Vrigne-au-Bois, etc. ;

Dans la région de l'ouest : le Conquet, Lannion, Morlaix, Rennes, Chateaubriant, Vannes, Trédion, Lorient, Fontenay-le-Comte, Luçon, la Roche-aux-Loups, Heurteloup, Aigrefeuille, la Rochelle ;

Dans la région du centre : Chartres, Orléans, Étampes, la Flèche, Cinq-Mars-la-Pile, Chinon, Henri-le-Roi, Abilly, Saumur, Longué, Soucelles, Niort, Déole, Nevers, Aubusson, Bourganeuf, Malevade, etc.;

Dans la région de l'est : Châlon-sur-Saône, Meursault, Nuits, Beaune, Dijon, Écrilles, Dôle, Clermont-Ferrand, Voiron, Ambert, etc.;

Dans le sud-est : Saint-Étienne, Rive-de-Giers, Grenoble, Vienne, Carpentras, Grasse, Toulon, etc.

Puis viennent nos colonies : l'Algérie, la Martinique, la Réunion, la Guadeloupe, et enfin les Landes qui forment, en France, une véritable colonie interne.

On voit par cette énumération, que nous avons dû présenter fort incomplète, quel effet a produit, dans toutes les parties de l'Empire, la nouvelle de l'exposition de Bordeaux et avec quel empressement on a répondu de toutes parts aux avances de la Société philomathique. Nous devons dire que toutes nos grandes compagnies de chemins de fer se sont associées avec la plus louable générosité aux vues du comité organisateur de l'exposition, en accordant une réduction de prix considérable sur le transport de tous les objets qui y étaient destinés.

Cet abaissement du prix de transport a été une des causes du succès de l'exposition; mais ce n'est pas la seule.

En effet, les industriels recherchent avec empressement toutes les occasions de se faire connaître; leurs produits, envoyés à toutes les expositions, se placent d'eux-mêmes, sans le secours des commis voyageurs, et les récompenses qu'ils peuvent recevoir sont de plus une puissante recommandation.

Ici toutefois se présente un abus qu'il importe de signaler et de combattre. Nombre d'industriels, véritables accapareurs de médailles honorifiques, fabriquent en vue des expositions des produits extrêmement soignés que l'on aurait peine à rencontrer dans leur commerce habituel ; ces objets exceptionnels vont de concours en concours, font une ample récolte de médailles, et ajoutent beaucoup à l'importance des maisons. Il nous semble que tout produit envoyé à une exposition devrait recevoir une marque indélébile indiquant l'année et le lieu où il aurait été exposé : un objet ainsi marqué ne pourrait paraître dans plus d'une exposition, et ce serait une chance de plus pour les sociétés organisatrices de voir la fabrication courante des maisons, au lieu d'avoir à juger ce que les ouvriers appellent des chefs-d'œuvre.

A Bordeaux, en dehors des causes ordinaires de succès, différentes circonstances devaient singulièrement servir les intentions de la Société philomathique.

Bordeaux est une ville de luxe ; la fortune particulière, plus ancienne que dans aucune autre ville, y est devenue une sorte d'aristocratie qui s'est peu à peu habituée à une représentation. Recrutée d'Anglais et d'Allemands ou de protestants, que l'édit de Nantes avait envoyés en Angleterre et qui en ont rapporté le culte du domicile, cette aristocratie a répandu et développé à Bordeaux le goût du luxe intérieur ; c'est pour ces gens riches, clients naturels des industries de luxe, que sont venus à Bordeaux les fabricants de bronze, les Barbedienne, les Susse, les Daubrée, les Vauvray ; les fabricants de tapis les plus en renom, les Braquenié, les Réquillart Roussel et Chocqueel, les Laroque et Jacquemet ; les fabricants de meubles incrustés et sculptés, les Guéret frères, les Ribailler et Mazaroz ; les marbriers, comme M. Géruzet ; les libraires de luxe, comme M. Charpentier et M. Curmer ; enfin les fabricants de lustres et de bijoux d'art.

Les deux principaux commerces de Bordeaux sont l'armement des navires et la vente des vins; ces deux commerces laissent du loisir, et le loisir de la fortune c'est le luxe, la dépense, le goût des arts ; c'est aussi le goût de la truelle et de la charrue; et ces tendances expliquent la présence à l'exposition de Bordeaux de tous les produits, pierres, bois, fer, destinés aux constructions civiles, et des nombreux instruments agricoles envoyés par Tritschler, Renauld et Lotz, la colonie de Mettray, etc.

Tous les produits des grandes usines qui fournissent à l'agriculture des machines et des instruments perfectionnés doivent être et sont, en effet, très-appréciés dans le voisinage du sol des Landes, depuis surtout qu'une puissante impulsion a été donnée par les récentes acquisitions et les grandes cultures de S. M. l'Empereur, et les efforts heureux d'hommes comme M. Ivoy, M. Chambrelent et Alexandre Léon, propriétaire à Labouheyre.

Si maintenant on considère l'exposition de Bordeaux à un point de vue purement industriel, abstraction faite des tendances locales et des besoins du pays, cette exposition est encore d'une grande importance et d'un haut enseignement : aucune autre démonstration ne saurait mieux prouver combien les connaissances et les besoins ont dû s'étendre en France, pour que de grandes industries aient jugé qu'il n'était pas sans intérêt pour elles d'acheter une popularité de province au prix de sacrifices énormes.

Le voisinage de l'Espagne n'est pas étranger non plus au succès de l'exposition de Bordeaux. L'Espagne naît, ou plutôt renaît à l'industrie, et la France y fait la plus sérieuse concurrence à l'Angleterre pour la fourniture de machines et d'appareils de toute sorte ; c'est ainsi qu'on a vu un riche propriétaire de l'Espagne acheter à l'un de nos grands industriels un fourneau de 5,000 fr.

Mais ce qui a plus contribué encore que toutes ces circonstances particulières à attirer à Bordeaux les industriels de toute la France, c'est surtout la nature propre du commerce bordelais.

Ainsi l'exposition a dû se peupler naturellement de tout ce qui tient, de près ou de loin, aux constructions navales, modèles de bâtiments, appareils de sauvetage, cuisine distillatoire, biscuits de bord, etc.

Tout ce qui concourt à la production du vin a été largement aussi représenté : échalas, soufflets à vigne, poudre contre les insectes, pressoirs et fouloirs à vendange, charrues à vigne, futailles, etc. Une exposition de barriques attire plus de visiteurs que tout autre produit, et l'extase du paysan devant une futaille qui, pour le vulgaire ressemble à toute autre, mais qui pour lui est la perfection idéale de l'ajustement, de la forme, de la solidité, est un fait vraiment curieux. — Que de choses dans un menuet ! disait Vestris. — Que de choses dans une futaille !

Outre le commerce maritime et vinicole, ces commerces eux-mêmes, unis à la situation géographique du pays, ont fait naître à Bordeaux un autre commerce et une autre industrie. Aucune autre ville, pas même Nantes peut-être, ne produit plus de conserves, et des conserves plus variées. Pour n'en citer qu'un exemple, les prunes, objet d'un grand commerce en France et à l'étranger, alimentent à la fois plusieurs industries ; après la culture, vient la préparation ; viennent ensuite les cartonnages qui les reçoivent, et les étiquettes, pavillons destinés à couvrir les marchandises. Les fabriques de cartonnages et les fabriques d'étiquettes sont à Bordeaux au rang des grandes industries, et l'on peut s'en convaincre en visitant l'exposition.

Enfin, le commerce d'exportation d'un port de mer qui a dans les vins un fonds de cargaison, attire les produits qui, sous un petit volume, ont une grande valeur : tels la porcelaine, les bijoux, etc.

A toutes ces causes générales et locales qui assuraient d'avance le succès de l'exposition, il faut ajouter encore l'effet heureux de certaines mesures prises par la Société philomathique.

Ainsi, les exposants ont eu la faculté de vendre leurs produits, à la condition de remplacer les objets vendus avant de les enlever; un moteur à vapeur a été établi dans un des bas côtés pour les machines qui devaient être vues en mouvement pour être appréciées; des visites ont dû être faites par le jury dans les usines les plus importantes; on a expérimenté aussi sur le terrain les machines, instruments et outils agricoles; le jury a été choisi parmi les notabilités de la province et de Paris, ce qui était une garantie précieuse pour les exposants étrangers à Bordeaux de l'impartialité et de la compétence des juges; enfin, des récompenses de l'ordre le plus élevé, dues à S. M. l'Empereur, qui les a distribuées lui-même dans le cours de sa visite, ont donné à tous les exposants la preuve de l'intérêt que le gouvernement prend à notre industrie nationale et de l'importance qu'il attache aux preuves qu'elle a données, à l'exposition de Bordeaux, de sa vitalité et de ses progrès.

Après avoir indiqué rapidement les causes qui ont donné à l'exposition de Bordeaux son importance et qui en ont assuré le succès, nous parlerons de l'exposition elle-même, de la classification adoptée, et de quelques-uns des principaux produits.

On a suivi à peu près exactement ici le système de classification adopté par les commisaires de l'Exposition universelle de Paris.

Cette classification, excellente au point de vue scientifique et absolu, excellente surtout alors à cause du nombre infini des objets exposés qui se prêtait à mille divisions et subdivisions, ne paraît pas se prêter aussi bien à la pratique dans des exhibitions moins nombreuses.

Toute classification repose sur deux principes : réunir les objets d'après les caractères essentiels qui constituent les genres, les séparer d'après les différences de détail qui forment les espèces. La grande difficulté consiste à bien distinguer les caractères principaux des caractères secondaires, et à ne pas donner à ceux-ci trop d'importance. A ce point de vue nous demanderons s'il n'eût pas été facile de simplifier la classification adoptée. Ainsi, une classe particulière est affectée aux aciers; un seul exposant y figure. Était-il impossible de faire rentrer les aciers dans la métallurgie, et ainsi de quelques autres ?

Sans insister sur ce pont, nous croyons intéressant de donner ici, d'après le dépouillement que nous avons fait du catalogue, une statistique exacte du nombre d'exposants réunis dans chacune des vingt-huit classes dont nous venons de parler.

Nous commencerons par la classe la plus chargée, pour finir par celle qui compte le moins de produits.

1. — XIe CLASSE. — **Substances alimentaires** (182 exposants).

1re *section.*	Farine,— amidon,— fécule,— pain.	30 exposants.
2e	— Boissons, — vins, — spiritueux, — liqueurs..............	72
3e	— Conserves alimentaires........	31
4e	— Vinaigre et fruits au vinaigre...	5
5e	— Sucre, — chocolat, — moutarde...	19

DE BORDEAUX.

6ᵉ *section*. Confiserie, — parfumerie. . . . . . 18 exposants.
7ᵉ — Système de bouchage. 7

2. — Xᵉ CLASSE. — **Produits chimiques** (109 exposants).

1ʳᵉ *section*. Produits chimiques. . . . . 44 exposants.
2ᵉ — Vernis, — colle-forte 17
3ᵉ — Papeterie, — carton. 14
4ᵉ — Cuirs et maroquins. 29
5ᵉ — Caoutchouc. 5

3. — XIVᵉ CLASSE. — **Constructions civiles** (103 exposants).

1ʳᵉ *section*. Détails de bâtiments, — pierres, —
 enduits, — ciments. . . . . 54 exposants.
2ᵉ — Bois et métaux, — serrurerie. . . . 28
3ᵉ — Peinture industrielle. 7
4ᵉ — Fontainerie. 14

4. — XXVᵉ CLASSE. — **Vêtements, objets de modes et de fantaisie** (103 exposants).

1ʳᵉ *section*. Vêtements, — habits. . . . . 6 exposants.
2ᵉ — Lingerie. 14
3ᵉ — Chaussures. 9
4ᵉ — Ganterie. 4
5ᵉ — Chapellerie 16
6ᵉ — Objets de voyage, — gainerie, —
 portefeuilles 7
7ᵉ — Dentelles. 3
8ᵉ — Passementerie, — accessoires de
 confection 5
9ᵉ — Fleurs artificielles. 3
10ᵉ — Objets en cheveux. 11
11ᵉ — Objets de toilette. 10
12ᵉ — Jouets d'enfant. 1
13ᵉ — Objets à l'usage des fumeurs. . . . 14

5. — IIIᵉ CLASSE. — **Agriculture** (97 exposants).

1ʳᵉ *section*. Législation agricole. . . . . 1 exposant.
2ᵉ — Matériel agricole, — outils aratoires. 35
3ᵉ — Produits agricoles. 42

4ᵉ *section.* Engrais, — destruction d'animaux
　　　　　nuisibles.............. 11 exposants.
5ᵉ　　— 　Production de la soie........ 9

6. — VIᵉ CLASSE. — Section unique : **Mécanique spéciale ; — Matériel des ateliers industriels** (72 exposants).

7. — XXIVᵉ CLASSE. — **Ameublement et décoration** (67 exposants).

1ʳᵉ *section.* Marbrerie et sculpture sur pierre. 13 exposants.
2ᵉ　　— 　Meubles en bois, — ébénisterie... 41
3ᵉ　　— 　Sculpture sur bois, — ivoires... 13

8. — XXVIIᵉ CLASSE. — **Dessin industriel ; — Imprimerie ; — Photographie ; — Reliure** (63 exposants).

1ʳᵉ *section.* Dessin industriel, — calligraphie.. 13 exposants.
2ᵉ　　— 　Imprimerie, — lithographie..... 23
3ᵉ　　— 　Cartonnage et reliure......... 11
4ᵉ　　— 　Fournitures de bureau........ 3
5ᵉ　　— 　Photographie............. 13

9. — XVIᵉ CLASSE. — **Ouvrages en métaux** (53 exposants).

1ʳᵉ *section.* Meubles en fer........... 15 exposants.
2ᵉ　　— 　Taillanderie, outils.......... 12
3ᵉ　　— 　Quincaillerie, — ustensiles de ménage................ 19
4ᵉ　　— 　Miroiterie............... 7

10. — XVIIIᵉ CLASSE. — **Arts céramiques** (44 exposants).

1ʳᵉ *section.* Verrerie................ 8 exposants.
2ᵉ　　— 　Vitraux peints............. 5
3ᵉ　　— 　Poteries................ 12
4ᵉ　　— 　Porcelaine............... 19

11. — VIIIᵉ CLASSE. — **Arts de précision** (39 exposants).

1ʳᵉ *section.* Instruments de précision, — mathématiques, physique......... 30 exposants.
2ᵉ　　— 　Horlogerie............... 8

DE BORDEAUX.

12. — IXe CLASSE. — Emploi de la chaleur, de la lumière, de l'électricité (39 exposants).

1re *section*.	Emploi de la chaleur..........	4 exposants.
2e —	Emploi et production de la lumière.	17
3e —	Bougies, stéarine...........	11
4e —	Emploi de l'électricité........	7

13. — XIIe CLASSE. — Section unique : **Anatomie, — Pharmacie, — Chirurgie** (37 exposants).

14. — XIIIe CLASSE. — Marine, — Art militaire (37 exposants).

1re *section*.	Marine, — appareils de sauvetage..	26 exposants.
2e —	Arquebuserie............	9
3e —	Ustensiles de chasse et de pêche.	2

15. — Ve CLASSE. — Mécanique employée aux moyens de transport (35 exposants).

1re *section*.	Mécanique appliquée aux chemins de fer...............	11 exposants.
2e —	Carrosserie et sellerie........	24

16. — Ire CLASSE. — Section unique ; **Métallurgie** (34 exposants).

17. — XVIIe CLASSE. — Orfévrerie ; — Bronzes d'art (32 exposants).

1re *section*.	Ornements d'église.........	6 exposants.
2e —	Bijouterie.............	10
3e —	Sculpture sur métaux........	16

18. — XXVIIe CLASSE. — Instruments de musique (29 exposants).

1re *section*.	Pianos, orgues...........	20 exposants.
2e —	Instruments à cordes et à archet..	1
3e —	Instruments en cuivre et en bois.	8

19. — XXe CLASSE. — Industrie des laines (27 exposants).

1re *section*.	Tissus de laine et literie......	19 exposants.
2e —	Draps...............	8

20. — IVe CLASSE. — Section unique : **Mécanique appliquée à l'industrie** (23 exposants).

21. — XXIII⁰ CLASSE. — **Tapis** (17 exposants).

1ʳᵉ *section*. Tapis de laine et tapis de pieds divers. . . . . 16 exposants.
2ᵉ — Tissus imprimés. 1

22. — II⁰ CLASSE. — Section unique : **Meunerie** (15 exposants).
23. — XII⁰ CLASSE. — Section unique : **Lin et chanvres** (12 exposants).
24. — VII⁰ CLASSE. — Section unique : **Mécanique appliquée au tissage et à la filature** (7 exposants).
25. — XIX⁰ CLASSE. — Section unique : **Tissus de coton et fil** (6 exposants).
26. — XXI⁰ CLASSE. — Section unique : **Tissus de soie** (5 exposants).
27. — XXVIII⁰ CLASSE. — Section unique : **Philologie** (2 exposants).
28. — XV⁰ CLASSE. — Section unique : **Aciers** (1 exposant).

Ce fractionnement indéfini de l'ensemble amène à des chiffres infiniment petits qui, au premier abord, semblent diminuer l'importance générale de l'exposition. Mais que l'on veuille bien songer à la quantité et à la variété des objets produits par chaque exposant, au petit nombre d'usines ouvertes en France à certaines industries, au débouché peu considérable que présentait Bordeaux pour des objets de fabrication courante susceptibles d'être fabriqués et vendus partout dans des conditions à peu près égales de qualité et de prix, on comprendra pourquoi la fabrication de l'acier n'est représentée que par un seul industriel, et pourquoi, dans le classement relatif que nous venons de faire des diverses sections, les tissus de chanvre, de coton et de soie viennent en dernière ligne.

D'autres causes expliquent l'absence de certains produits. Ainsi les propriétaires des grands crûs du Bordelais se sont abstenus (1); ils n'ont pas voulu se soumettre à un jugement auquel ils n'avaient rien à gagner. Dans un

(1) Les grands crûs se sont présentés à la fin de l'Exposition. Mais nous nous sommes fait une loi de ne rien changer au texte du *Moniteur*.

autre ordre, les principaux fabricants de passementerie, les Charlot et Lemoine, de Tours, par exemple, se sont également tenus à l'écart : c'est que cette industrie, plus que toute autre, craint de fournir des modèles à une concurrence déloyale.

Sans insister plus longtemps sur ces lacunes remarquées dans l'exposition de Bordeaux et sans en chercher d'autres causes, j'aborde, dans l'ordre de leur importance relative, les vingt-huit classes qui comprennent tous les objets présents.

S'il est des produits difficiles à apprécier pour un simple observateur, ce sont à coup sûr les substances alimentaires. Il faut les goûter, et ne les goûte pas qui veut. Si la dégustation avait été permise aux premiers visiteurs, les derniers n'eussent pas même eu la vue. Je n'ai rien goûté, rien expérimenté. Je ne ferai donc pas long séjour au milieu des chocolats et des moutardes, des sardines confites et des amidons.

Que pourrais-je dire, par exemple, des farines exposées par M. Bachan-Bertrin, propriétaire de l'*étampe* Chaumel, à Laubardemont? Leur farine est bien moulue, elle n'est pas trop ronde, elle paraît bien conservée; mais quel en est le rendement? — On me dit qu'il est bon, et je l'admets.

J'ai entendu autour de moi des capitaines de navire, des armateurs, faire grand cas des conserves alimentaires exposées par MM. Malinau frères et MM. Rodel, de Bordeaux, et des conserves de porc et de bœuf, de MM. Cornillier et Chauveau, de Nantes ; j'ai dû m'en rapporter aussi, sur parole, à des gens expérimentés.

Quand j'ai passé devant la place occupée par M. Jean Lacou, d'Arcachon : — « Voyez, me dit un visiteur, qui s'y arrêta en même temps que moi, ces confitures. Il y a là une bonne affaire, et je dirais même une bonne action. Arcachon est le pays des arbousiers; il y en a dans toutes les haies, dans tous les chemins, partout. Quand Leurs Majestés vinrent, il y a quelques jours, visiter Arcachon, les arcs de triomphe étaient ornés de rameaux d'arbousier; de distance en distance, étaient des guirlandes empruntées à cet arbuste. Jusqu'ici les baies qu'il produit étaient perdues. M. Jean Lacou en a tiré un excellent parti, et ses confitures de baies d'arbousier sont d'une importance locale très-appréciable. »

Plus loin, voici les produits d'une usine bien connue : M. Louit, de Bordeaux, a introduit dans cette ville la fabrication en grand du chocolat et de la moutarde. On s'accorde à vanter l'ordre, la propreté de son vaste établissement; on loue fort la finesse, l'homogénéité, la saveur de son chocolat; et si les Bordelais, qui s'y connaissent, en disent tant de bien lorsqu'ils ont sous la main les chocolats de M. Fagalde, à Cambo; de M. Penin, à Bayonne, et de M. Saintoin, à Orléans, il faut les en croire. Ainsi ferai-je.

Avant de parler des vins, je dois citer, pour avoir vu de mes yeux et expérimenté de mes mains, deux objets, sans grand intérêt ailleurs, mais d'une importance toute particulière dans les pays vignobles: l'un, c'est le fausset hydraulique de M. Bélicart; l'autre, le petit appareil pour boucher les bouteilles, inventé par M. Chevreau-Lorrain.

Avec le fausset hydraulique, très-peu coûteux, de M. Bélicart, une barrique de vin commencée peut rester indéfiniment en vidange sans se détériorer. Quel avantage pour les ménages pauvres, qui souvent n'achètent pas de vin en barrique pour n'avoir pas à acheter des bouteilles! Mais si vous pouvez acheter les bouteilles, M. Chevreau-Lorrain (de Saumur) se présente : à l'aide d'un petit appareil, très-peu dispendieux, très-portatif, il vous les bouche avec une rapidité surprenante et une solidité garantie par la grosseur des bouchons. Voilà les vrais objets d'économie domestique dont on avait annexé une exposition à la grande exhibition de 1855.

Pour la première fois à Bordeaux, les vins se présentaient, cette année, à l'exposition. Déjà la Société industrielle d'Angers, en 1858, avait pris l'heureuse initiative d'un appel aux viticulteurs, et cet appel avait été généralement entendu. A Bordeaux, les grands crûs se sont montrés récalcitrants, persuadés que rien n'ajouterait à leur antique réputation, craignant peut-être une comparaison désavantageuse avec des vins en progrès.

Averti de cette abstention volontaire et mal entendue à plus d'un point de vue, je n'ai donc cherché ni les Château-Laffite, ni les Château-Margaux, ni les Mouton qui s'en rapprochent, ni d'autres encore, non moins célèbres. Mais j'ai vu, assisté d'un connaisseur éclairé, qui, comme tous les gourmets bordelais, ne parle jamais sans rire de nos gourmets parisiens, j'ai pu voir un certain nombre de crûs que son expérience a classés, sans hésiter, de la manière suivante, en tenant compte de leur mérite réel, maintes fois éprouvé, plus encore que de leur valeur marchande.

« Tous les vins de Bordeaux, me dit-il, sont classés dans le commerce. Les grands vins du Médoc s'étant tenus à l'écart, les seconds seront ici les premiers. En tête se placent donc le Gruaud-Laroze, à Saint-Julien, dont la production moyenne est de 150 tonneaux, soit 600 barriques; le Cos-d'Estournel, à Saint-Estèphe, 80 tonneaux; le Léoville, à Saint-Julien, 50 tonneaux.

Parmi les troisièmes crûs, le Langon, qui produit 125 tonneaux, le Château-Palmer, 100 tonneaux; le Malescot, 80 tonneaux, sont les plus estimés : le premier de ces vins et le dernier des précédents appartiennent au même propriétaire, sont situés dans la même commune; mais dans l'échelle relative d'après laquelle on les juge à Bordeaux, il y a entre eux assez de différence pour qu'ils ne soient pas rangés dans la même classe.

Dans les quatrièmes crûs, on estime fort le Château-Latour-Carnet, 100 tonneaux; le Saint-Pierre, 80 tonneaux; le Château-Beychevelle, 150 tonneaux, et le Rochet, 40 tonneaux.

Enfin viennent, dans les cinquièmes crûs, le Batailley, 50 tonneaux, et le Château-Cantemerle, 150 tonneaux.

Tels sont, ajouta mon guide, qui, tout connaisseur qu'il est et Bordelais, est très-désintéressé dans la question, les vins principaux du Médoc. La classification est si nette, les différences si tranchées, que, pour tous les vins d'une même année, le prix du tonneau d'un certain crû étant donné, on connaît la valeur de tous les autres, sans que l'acheteur ait à attendre une diminution ou le vendeur à tenter une augmentation.

Les vins de Graves sont représentés à l'exposition par deux seconds crûs, le Pape-Clément et la Mission.

Pour les vins blancs, deux exposants, propriétaires des premiers crûs, se sont soumis à l'appréciation du jury de l'exposition qui les jugera : le crû de la Tour-Blanche et celui du Château-d'Arche. Puis vient un troisième crû, le Doizy-Védrines, et enfin un vin qui n'est pas classé, mais qui mérite de l'être, le Château-de-Malle. »

Ces explications de mon guide et cette classification que d'autres excellents juges me confirmèrent, me parut utile à recueillir, et plus encore au point de vue du commerce des vins de Bordeaux, si actif dans toute la France et dans le monde entier, qu'au point de vue même de l'exposition.—Si ce n'est pas mon opinion que j'exprime ici, c'est du moins celle de connaisseurs très-compétents. Ce que j'ai à dire maintenant portera sur des matières d'une appréciation moins délicate.

Les nombreux produits compris dans la classe des constructions civiles peuvent être étudiés soit d'après leur nature, soit d'après les usages auxquels ils sont destinés.

A l'Exposition universelle de Paris, les matériaux de construction ont été divisés par le jury d'examen en matériaux naturels, matériaux artificiels et matériaux artificiels façonnés. Mais les matériaux naturels employés dans les constructions sont en général d'un transport difficile, et s'emploient, pour la plupart, dans les pays mêmes où on les exploite. Aussi les granites ou les marbres envoyés à l'exposition de Bordeaux y figurent non comme matières brutes, mais déjà travaillées et offrant des spécimens de diverses industries.

Les ardoises seules, bien qu'elles ne se présentent pas sans avoir subi une certaine façon, peuvent être considérées comme matériaux naturels. En effet, dans les pays où l'on exploite les carrières, la pierre d'ardoise entre bien comme toute autre pierre, comme le moellon par exemple, dans la construction des murailles : les hautes tours du château d'Angers sont presque entièrement construites en ardoise. Mais dans l'usage général du commerce, l'ardoise, employée généralement pour la couverture des maisons, se présente sous la forme de lame mince et taillée d'après certaines dimensions déterminées de largeur, hauteur, et épaisseur; c'est sous cette forme, qui est la forme marchande de l'ardoise, qu'il en a été envoyé de Labassère (Hautes-Pyrénées), de Tarbes et surtout d'Angers.

La Société des ardoisières d'Angers, représentée par

M. Larivière, a envoyé de nombreux spécimens de son exploitation. On jugera par les chiffres suivants de l'importance de cette industrie, augmentée encore par l'habile administration du gérant. En 1853, les carrières employaient 36 machines à vapeur, d'une force totale de 402 chevaux; en 1858, 21 machines à vapeur de la force de 510 chevaux. L'exploitation, en 1853, occupait 2,429 ouvriers et 182 chevaux; en 1858, ce nombre est encore augmenté : on compte 3,027 ouvriers et 209 chevaux. Enfin en 1858, la fabrication des ardoises était de 180,186,457, soit 46,424,411 de plus qu'en 1853, et le produit de 2,998,154 fr. 73 c., dépassait de 649,840 fr. celui de 1853.

Cette heureuse situation a pu être obtenue malgré cet épouvantable désastre des inondations (juin 1846) que S. M. l'Empereur vint constater lui-même et qui avaient envahi la moité des exploitations de la Société.

Outre les ardoises destinées à la couverture des maisons, la Société a envoyé aussi à l'exposition de Bordeaux des pierres d'ardoises façonnées en tables, caisses d'orangers, etc., et ces pierres travaillées qui, en 1853, formaient un chiffre de vente de 20,000 fr. seulement, produisaient, en 1858, 90,000 fr.

Enfin, en dehors de son commerce d'ardoises, la Société a créé un atelier de tréfilerie et de câblerie de fil de fer dont il a été présenté aussi de très-remarquables spécimens.

Nous n'avons pas à insister sur l'importance de cette industrie : les chiffres que nous avons donnés l'ont fait assez connaître.

D'autres grandes industries sont classées encore parmi les constructions civiles : ce sont les ciments et asphaltes et les ouvrages en terre cuite.

La Compagnie générale des asphaltes, à Seyssel, figure en première ligne à l'exposition de Bordeaux. On sait que les asphaltes sont des produits en partie naturels et en partie artificiels; les usages variés auxquels on les emploie constituent une industrie toute française, et les recherches faites pour obtenir des perfectionnements dans la fabrication font honneur surtout aux exposants de Seyssel. On a pu voir, à l'entrée des galeries de l'exposition, divers spécimens de chaussées en bitume simple, en bitume comprimé, comme on le voit employé dans la rue de Grenelle-Saint-Germain à Paris, et en mosaïques de bitume : ces deux derniers produits surtout ont fait la renommée de l'usine de Seyssel.

Depuis que l'emploi du bitume a pris les proportions considérables qu'on lui connaît, les efforts de l'industrie ont tendu à remplacer le bitume naturel, dont les mines, toutes riches qu'elles sont en France, ne sont pas inépuisables, par des compositions artificielles de houille, de résine, de suif, de tourbe, etc. Ce sont des bitumes factices de ce genre qui ont été exposés par M. de Briolle, de Bordeaux. La belle et bonne qualité de ses produits, le grand nombre d'usages auxquels ils sont affectés par l'exposant, toitures en terrasses, trottoirs, réservoirs d'eau, lavoirs, cuves de tannerie et de brasserie, etc., et enfin la modicité des prix, ont attiré l'attention. Les connaisseurs faisaient grand cas aussi des noirs de fumée fabriqués par cette maison et qui lui assurent une très-grande supériorité sur la plupart de ses concurrents.

Les lecteurs du *Moniteur* se rappellent sans doute un article sur les procédés utiles découverts par M. Kuhlmann, de Lille, et relatifs à la silicatisation de la pierre. D'autres industriels ont continué des recherches dans la même voie; M. Tourbat, de Bordeaux, a pris un brevet pour un procédé qui a pour but d'empêcher la formation des salpêtres sur les murs. Des expériences suivies depuis trois mois à l'exposition donnent de grandes espérances de succès; mais plusieurs années sont nécessaires pour porter un jugement définitif sur la découverte de M. Tourbat, découverte d'un prix inappréciable si l'inventeur parvient à arrêter à tout jamais les efflorescences nitreuses de la pierre.

J'ai dit qu'une grande variété de matériaux de terre cuite avait été envoyée à l'exposition. En première ligne se présentent les tuyaux de drainage qui sont très-nombreux, et même les machines à les fabriquer. Il est à regretter que la colonie de Mettray, qui a présenté de très-bonnes machines agricoles, n'ait pas envoyé ses instruments si perfectionnés, et qui, grâce aux leçons de drainage et aux expériences faites dans l'établissement, contribuent avec tant de succès à répandre dans la province les ressources nouvelles offertes à l'agriculture. Toutefois l'abondance des produits de ce genre montre combien ont été fécondes l'initiative de l'Empereur et les utiles mesures prises par le gouvernement pour répandre dans les exploitations rurales l'usage du drainage.

A côté des drains se présentent aussi les briques et les tuiles; citer le nom de MM. Borie, les habiles innovateurs à qui l'art des constructions doit ces matériaux solides, légers, d'une juxtaposition facile, connus sous le nom de briques tubulaires ou briques creuses, c'est dire que l'industrie peut encore trouver de l'intérêt à se produire en province, même après avoir obtenu les plus hautes récompenses aux expositions universelles de Londres et de Paris.

Pour le carrelage, un industriel de Trèbes, près Carcassonne, M. Guiraud, a exposé des briques vernies et des mosaïques d'un vrai mérite que leur bon marché fait encore mieux apprécier, et maintenant surtout que le style gothique, généralement employé dans la construction de nos églises, demande un genre de dallage assorti au style des monuments.

Avec les mosaïques de M. Guiraud nous touchons déjà à l'art. MM. Virebent et M. Couderc, qui emploient la terre cuite pour tous les usages de la pierre, la traitent véritablement en artistes. Statues, autels, vases, sanctuaires, jubés, chapelles, la terre cuite se prête, dans leurs ateliers, à toutes les formes demandées par l'architecture pour les genres d'ornementation les plus variés. Pour la dureté, la couleur, la durée, les terres cuites moulées de ces exposants, de MM. Virebent en particulier, prouvent que dans les pays où les pierres naturelles font défaut, il est possible d'y suppléer dans les meilleures conditions.

Destiné aussi à l'ornementation artistique, mais pour des usages d'un autre ordre, le carton-pierre de MM. Hardouin et fils a été très-remarqué; comme à l'Exposition universelle de Paris, ils ont exposé des panneaux traités avec une grande pureté dans le style du règne de Louis XV et de Louis XVI; toutefois si l'élégance du dessin est restée la même, si la finesse d'exécution est très-recommandable, je n'oserais dire que, sous ce dernier rapport, leur moulage ne laisse rien à désirer; ils vont rencontrer une concurrence sérieuse dans les produits nouveaux, en bois durci, de M. Latry. M. Latry n'a exposé que de petits objets, écritoires, coffrets, reliures; mais si les ornements exécutés par lui dans ces petites dimensions peuvent s'appliquer facilement sur de grands panneaux de bois, même sur la pierre, le bois durci nous paraît appelé à lutter sans désavantage avec le carton-pierre. Quant à *l'osséide*, produit fabriqué avec de l'os en poudre, comme le bois durci avec de la sciure de bois, au moyen d'une substance agglutinative, si, en principe, elle peut se placer sur le même rang, les objets exposés sont si mal moulés et sur des modèles de si mauvais goût qu'on ne peut guère juger du degré de perfectionnement auquel en peut arriver l'emploi.

La seconde section de la classe des constructions civiles comprend les produits en bois et en métaux et les serrureries. Là figurent les croisées de M. Lebrun, d'Angers, qui, à l'aide d'un système de fermeture très-simple, sont impénétrables à l'air et à l'eau; les persiennes en fer de M. Bert aîné, persiennes où le jour pénètre par de simples entailles levées dans le panneau de fer; les persiennes-stores de M. Guiot-Laligant, d'un usage à la fois très-commode, très-durable et très-élégant, mais d'un prix sinon plus élevé que celui des persiennes ordinaires, du moins trop élevé par rapport aux frais de main-d'œuvre peu importants que doit exiger cette fabrication très-simplifiée.

Là encore ont été classés divers objets préparés par M. Demangeot, concessionnaire du procédé Carteron, et rendus ininflammables. L'effet de cette préparation sur le bois a été apprécié par de nombreuses expériences, très-concluantes en faveur du procédé. Mais les étoffes exposées sont très-ternes; les couleurs n'ont aucun éclat, et c'est là un grave inconvénient qu'il sera possible peut-être de faire disparaître et qui, du reste, n'existe pas pour les tissus blancs ou noirs.

Dans une dernière section de la même classe, la fontainerie est représentée par des exposants dont les établissements considérables fournissent à l'industrie d'excellents produits. Voici, par exemple, les tuyaux en terre cuite émaillée de M. Zeller, récompensé à l'exposition de Paris; ces tuyaux, même lorsqu'ils ont de très-grandes dimensions, peuvent résister à une très-haute pression, et la fabrication en paraît très-bonne. Voici les tuyaux en papier bitumé de M. Jaloureau. Toute nouvelle qu'elle est, l'industrie de cet exposant est des plus recommandables; ces tuyaux sont d'un emploi très-économique, en ce qu'ils paraissent assez solides pour être d'une longue durée et qu'ils sont d'un bon marché très-réel. La fabrication de M. Jaloureau aura dit son dernier mot lorsque cet industriel aura rendu plus facile la jonction des tuyaux l'un à l'autre, perfectionnement qu'il lui sera sans doute possible de réaliser.

Trois autres fabricants de tuyaux méritent encore une attention spéciale : M. Gandillot a exposé une série très-complète de tuyaux de fer de toutes dimensions pour la conduite du gaz, de l'eau, etc. Ces tubes sont étirés sans soudure, et l'importante maison qui les fabrique semble s'attacher à ce que ses produits soient toujours remarquables par leur netteté et leur bonne qualité.

M. Lepan a envoyé de Lille des tuyaux d'étain de toutes dimensions et de toutes formes, ronds, carrés, triangulaires. Le jury de l'Exposition universelle de Paris avait déjà reconnu que la fabrication et la qualité des produits de cette usine ne laissent rien à désirer : M. Lepan est resté digne de cet éloge.

M. Sebille est l'inventeur d'un procédé tout récent de fabrication des tuyaux, procédé qui est déjà accepté avec une grande faveur et ne peut que voir croître son succès. M. Sebille a mis dans le commerce des tuyaux en plomb, mais étamés à l'intérieur et à l'extérieur. C'est avec la pensée de rendre un véritable service au point de vue de l'hygiène que nous insisterons un peu sur les produits de cet exposant. A nos yeux, en effet, le mérite principal de l'invention de M. Ch. Sebille, c'est d'empêcher la formation de ces oxydes si nuisibles à la santé, dont l'eau se trouve saturée après un séjour plus ou moins long dans les tuyaux en plomb. Les autres avantages, solidité, économie, égalité d'épaisseur, facilité à se prêter, sans s'écailler, à toutes les exigences de la pose, ne sont que des mérites secondaires à nos yeux; mais quand ils se trouvent joints à l'avantage si précieux de la salubrité, on est heureux de voir qu'aucun inconvénient inhérent à l'emploi des tuyaux en plomb étamé ne permet de leur préférer les tuyaux en plomb ordinaires.

L'envoi fait à l'exposition de Bordeaux, par des industriels de tous les points de la France, des produits dont nous venons de parler, prouve que ces produits sont fabriqués en vue d'une consommation qui peut s'étendre dans le pays tout entier. Il est rare cependant que l'exportation s'en empare. Il n'en est pas de même des objets compris dans la vingt-cinquième classe, et qui, pour la plupart, ne se vendent pas moins à l'étranger qu'en France; ce sont les vêtements et les objets de modes et de fantaisie.

M. Bloc, qui fabrique les vêtements confectionnés, frète des navires entiers. La maison des Cent-Mille Paletots est à Bordeaux et dans le midi ce qu'est à Paris et dans la France entière la maison de la Belle-Jardinière : le bon marché de ces vêtements est acquis par l'achat en gros des étoffes, par des économies sur la coupe, par le bas prix payé à des ouvriers qu'on emploie pendant les chômages, enfin par l'emploi des couseuses mécaniques et par les bénéfices de la vente en gros. On peut donc croire que la bonne confection des habits et la qualité des tissus n'ont rien à souffrir de ce bon marché. Mais avec la tendance de nos paysans à prendre la redingote ou l'habit pour aller au moins de pair avec les ouvriers, adieu les costumes nationaux! Adieu ces vêtements pittoresques qui distinguaient les habitants de chacune de nos provinces! Et déjà ce n'est plus la France seule, c'est le monde entier qui va revêtir les habits uniformes de nos confectionneurs. L'artiste pleure où l'économiste applaudit.

Malgré les tentatives répétées de la redingote pour supplanter la blouse, la blouse n'est pas morte encore. Une fabrique considérable de blouses s'est montée à Angoulême; elle les vend toutes faites, et superbement brodées aux épaules et aux poignets, à un si bas prix que l'étoffe ou la façon ne saurait être comptée à l'acheteur. Il paraît que, pour livrer ses produits à des conditions si avantageuses, la maison Vignon, Vinsac frères et Lamarque, d'Angoulême, emploie non-seulement les machines à coudre, mais les métiers mécaniques à broder.

Je passerais rapidement devant les corsets si je n'avais à signaler, en courant au moins, le chiffre vraiment fabuleux des affaires faites par les fabricants de Bar-le-Duc. En 1854, une des maisons de cette ville où la fabrication des corsets sans couture, tissés à la mécanique, s'est centralisée, ne produisait pas moins de trente mille corsets chaque année. Cette année encore, trois exposants de Bar-le-Duc ont envoyé à l'exposition des produits de ce genre, dont il me serait difficile d'apprécier le mérite.

Les chemises, les cravates, les gilets de flanelle, objets d'exportation, sont chaque jour examinés avec grand intérêt. M. Hayem, de Paris, M. Canonville, de Bordeaux, ont surtout le privilége d'attirer l'attention. M. Canonville, qui a introduit à Bordeaux la confection en grand des chemises, n'occupe pas moins de cent cinquante ouvriers et ouvrières, une machine à coudre qui représente le travail de dix personnes, et plusieurs coupeurs : l'importance qu'il a donnée à son industrie ne peut s'expliquer que par la beauté et le bas prix de ses produits.

Pour les chaussures, la fabrication destinée à la vente en gros et l'exportation est représentée par M. Doré, qui n'occupe pas moins de trois cents ouvriers, et encore fait-il clouer ses semelles et coudre ses cuirs par des machines particulières. M. Poirier, de Châteaubriant, et M. Delail, de Paris, exposent des chaussures de chasse qui, à la vue, paraissent également fortes ; mais l'élégance reste du côté du fabricant parisien.

Tout ce qui tient au costume, lingerie, chaussure, vêtements, coiffure, est l'objet à Bordeaux d'un très-grand commerce d'exportation. Nulle part ailleurs la chapellerie ne se fabrique dans de plus grandes proportions, et l'on peut ajouter : nulle part ailleurs avec autant d'élégance. Telle maison de chapellerie, la maison Besson frères, a près d'un siècle d'existence ; sous le régime paternel des maîtres, plusieurs ouvriers y travaillent depuis un demi-siècle. La maison Vincendon, ancienne aussi, ne produit pas moins et n'a pas moins la longue confiance des acheteurs : mais une fabrique toute nouvelle tend à partager avec les deux autres les grandes fournitures à faire au commerce. MM. Toscan frères ont dans leurs vastes ateliers les machines les plus perfectionnées, et des machines de toutes sortes pour abréger le travail et diminuer le prix de la main-d'œuvre. Cette usine importante est visitée avec intérêt par tous les ingénieurs et les mécaniciens.

Dans la même classe encore je dois parler des belles dentelles de Cambrai exposées par M. Ferguson ; mais le nom de M. Ferguson suffit à faire l'éloge de ses produits.

Il est le créateur de la dentelle noire de Cambrai; c'est lui qui, le premier, prit un brevet pour l'application du système Jacquard aux métiers circulaires, et le jury de l'Exposition universelle de Paris lui a consacré cette mention flatteuse : « Par sa belle fabrication, par l'immense variété de ses magnifiques dessins, cette maison soutient dignement la haute réputation qu'elle s'est faite depuis longtemps. »

Une innovation heureuse dans l'art des dentelles, c'est celle de MM. Daulnoy et Lecorney, à Malzeville; leurs dentelles et broderies en points de fleurs, présentent des fleurs qui se détachent légèrement du fond et sont du meilleur effet.

A ces industries de luxe, il faut joindre celle de M. Jouvin, qui a envoyé de nombreux échantillons de ses gants. La souplesse de la peau, la solidité des coutures sont des mérites, mais il restait à M. Jouvin un progrès à faire.

Madame Escoubé, de Toulouse, a trouvé ce perfectionnement. Des deux côtés de la main, elle pose un tissu élastique qui remplace avec élégance l'ouverture disgracieuse laissée au milieu de la main dans les gants ordinaires, et supprime agrafes et boutons.

Le hasard d'une classification que je dois suivre m'amène à parler maintenant des nombreux produits exposés dans la classe d'agriculture. Après les objets de luxe que je décrivais tout à l'heure, j'aborde une industrie d'un tout autre intérêt : du superflu je passe au nécessaire.

Sous le titre général d'Agriculture, étaient comprises cinq sections : législation agricole, matériel, produits, engrais et destruction d'animaux nuisibles, enfin, production de la soie.

Dans la section de législation agricole, un seul nom

se présente, le nom de M. Poirel, président de chambre à la cour d'Amiens, auteur de deux ouvrages qu'il ne nous appartient pas d'apprécier ici : — un projet de code rural et un projet de code national et international du commerce et de l'industrie.

Une autre section était peu nombreuse, la section des engrais. Quatre exposants seulement ont exposé des échantillons, et un seul appartient au département de la Gironde ; les trois autres sont venus d'Agen, d'Angoulême, de Nantes. Il y a dans cette abstention un symptôme fâcheux, qui tendrait à faire croire que le commerce des engrais n'a pas pris assez de développement dans la contrée. Or, sans engrais, l'agriculture ne peut que languir sans donner de grands produits. Il suffit de voir les magnifiques récoltes obtenues par nos jardiniers et cultivateurs des environs de Paris, pour comprendre la nécessité des engrais et voir qu'ils rendent au centuple les frais qu'ils exigent.

La production de la soie est représentée par huit exposants, dont l'un, M. Nourrigat, est non-seulement un éducateur distingué, mais un propagateur ardent des bonnes méthodes. Les cocons et les soies exposés par lui sont de la plus grande beauté ; de plus, M. Nourrigat fait deux éducations par an : l'une au printemps, selon l'habitude ; l'autre en automne, ce qui est une innovation heureuse. A l'envoi de ses produits, cet habile sériciculteur a joint plusieurs ouvrages sur les meilleures races de vers à soie, sur la maladie du mûrier, sur la production de la soie en France, etc., et ces divers travaux montrent combien l'industrie de la soie est redevable à son expérience et à ses recherches.

La section du matériel agricole proprement dit a attiré sinon beaucoup d'exposants, du moins des industriels qui produisent dans de très-vastes proportions et dans d'excellentes conditions.

La collection la plus complète de machines et d'instruments agricoles propres à tous les besoins de l'agriculture est celle de M. Tritschler, de Limoges. Les produits de cette maison, presque aussi ancienne que celle fondée par l'illustre Mathieu de Dombasle, joignent à la solidité la correction des formes et la modicité des prix. Dans la plupart de ses instruments, les parties détériorées peuvent être facilement remplacées par des pièces de rechange, à mesure qu'il en est besoin, et, de cette habile disposition des parties résulte une très-grande économie pour le consommateur. M. Tritschler a beaucoup contribué à propager dans le centre et le midi de la France les outils et instruments agricoles perfectionnés ; il a reproduit aussi un grand nombre de bons modèles anglais.

MM. Renaud et Lotz, de Nantes, se sont attachés particulièrement à la fabrication des machines à battre et à dépiquer, locomobiles à manége ou à vapeur. Le grand nombre de ces machines qu'ils ont vendues depuis 1846, en a popularisé l'usage ; on compte par milliers celles qu'ils ont expédiées par toute la France. Toujours attentifs aux enseignements de l'expérience, ils ajoutent sans cesse de nouveaux perfectionnements à leurs produits, en même temps qu'ils tendent à abaisser leurs prix de vente.

M. Bouilly fils, de Bordeaux, dirige la fabrique la plus importante du département. Sa faneuse est facile à régler, son râteau à foin, d'un bon usage. Il fait surtout une grande exportation d'instruments pour le nettoyage du coton et du café. Sa fabrication n'a pas le luxe de celle de M. Hallié, mais elle est très-satisfaisante.

Le défaut de M. Hallié, qui a exposé une très-remarquable collection de modèles, c'est de donner trop d'élégance à des outils que doivent employer des hommes peu sensibles à ce mérite. Il en résulte que ses prix sont élevés et empêchent souvent l'achat d'instruments qui pourraient être d'un bon usage.

M. Richier a exposé des charrues à chausser et à déchausser les vignes qui, au jugement des hommes compétents, et d'après des expériences auxquelles nous avons pu assister, l'emportent incontestablement sur toutes celles qui étaient précédemment employées ; elles sont d'un très-bas prix, et peuvent être tirées soit par un cheval, soit par un seul bœuf sans atteindre ni les racines ni les branches de la vigne.

Si la meilleure charrue à l'usage des quatre façons auxquelles on soumet les vignes dans le Médoc est celle de M. Richier, la meilleure machine à dépiquer paraît celle de M. Pialoux. Le système de la machine consiste en un cylindre armé de dents portant sur un contre-batteur également armé de dents et procédant par friction sur l'épi seul, sans atteindre la paille. Cette machine, peu fatigante pour les animaux moteurs, peut fournir par jour 70 hectolitres de grain ; treize personnes et deux chevaux suffisent à la manœuvrer.

MM. Cassard et Terrolle et M. Dezaunay ont exposé aussi : les uns, une bonne machine à battre, à manége, pourvue d'un excellent ventilateur ; l'autre, des pressoirs et des fouloirs à vendange puissants, d'une manœuvre facile et expédiant beaucoup de travail en peu de temps.

Enfin, la colonie de Mettray, distinguée déjà si honorablement à l'Exposition universelle de Paris pour ses instruments et ses machines, et surtout pour ses charrues qui rappellent plus fidèlement que toute autre le modèle Dombasle, a envoyé aussi plusieurs de ses excellents produits. Mais ce qui nous intéresse dans Mettray, à côté de ces instruments que la Colonie vend à l'essai, dans l'intérêt de l'agriculture, sans arrière-pensée même de spéculation, c'est le bien qu'elle répand dans le pays par l'enseignement de son école préparatoire (1), par le soin qu'elle a de former les jeunes colons aux travaux du drainage ; enfin, par son exposition permanente d'instruments agricoles et d'objets d'économie domestique. Le nom de M. de Metz, qui dirige la colonie dans cette voie, restera comme e nom de l'un des bienfaiteurs de l'agriculture.

S'il est à désirer que certaines machines agricoles se répandent, ce sont bien assurément celles des constructeurs comme MM. Renaud et Lotz ou M. Tritschler. Les appareils qu'ils exposent pour préparer le grain à passer du champ au grenier me paraissent plus utiles que les moissonneuses comme en a exposé une

---

(1) Un des principaux avantages de l'École préparatoire de Mettray est de pouvoir servir d'intermédiaire entre la ferme-école et la ferme régionale.

Il faut le reconnaître, les jeunes gens qui sortent des fermes-écoles, en savent trop pour être simples valets de ferme, trop peu pour qu'on puisse leur confier une exploitation, et même pour concourir à l'admission dans les fermes régionales.

L'institution fondée à Mettray et qui peut être considérée comme une ferme-école de degré supérieur, est venue combler cette lacune.

La colonie admet à titre de boursiers les sujets les plus distingués sortant des fermes-écoles. De cette manière les jeunes gens élevés dans les régions les plus diverses de la France, peuvent échanger sur place les connaissances qu'ils ont acquises et en agrandir la sphère, afin de passer avec succès les examens exigés pour être reçus dans une ferme régionale. (*Notice sur l'École préparatoire de Mettray*, p. 5-6.)

M. Baneau, ou les greniers conservateurs comme en a inventé un M. Pavy. Les moissonneuses ne peuvent être utiles que dans certaines conditions difficiles à trouver réunies; le grenier Pavy, d'une construction très-dispendieuse, sera difficilement en rapport avec les avantages, certains du reste et considérables, qu'il peut offrir.

M. Pavy s'attache à conserver les grains après la moisson; M. Sarrazin fils à préserver les vignes avant la vendange. Le soufflet qu'il exécute, d'après le système de M. Lavergne, est sans contredit le meilleur de ceux qu'on a vus à l'exposition, destinés au soufrage de la vigne.

Des instruments, je passe aux produits agricoles.

Il ne faut guère chercher à l'exposition de Bordeaux, des lins, des luzernes, des sainfoins, des chanvres ni même des blés; mais les fruits s'y sont présentés en abondance, et, par une grâce spéciale, par suite aussi des soins actifs de M. Schrader, commissaire de l'exposition d'horticulture, on a toujours pu admirer une collection nombreuse, variée, d'espèces toujours fraîches, parce qu'elles étaient sans cesse renouvelées.

A côté des fruits, les tabacs attiraient l'attention; nous en reparlerons quand nous examinerons les produits particuliers des Landes et de nos colonies. On ne passait pas non plus sans s'arrêter devant les superbes prunes envoyées par un exposant de la Gironde, et non d'Agen, M. Pepin, de Saint-Genès-de-Lombaud. Ces produits, dont les premiers choix se vendent dans les pays du nord de l'Europe, et les seconds dans les colonies, sont d'un revenu considérable pour le pays. La culture des prunes a pour effet d'alimenter les fabriques de cartonnages et d'étiquettes : il paraît, en effet, que ces prunes se vendent à l'étranger dans des boîtes non moins magnifiques que nos boîtes à dragées du jour de l'an : les prunes font passer les boîtes, même à la douane.

Mais ce qui nous a frappé, nous comme tous les visiteurs, infiniment plus que les prunes ou les poires, c'est, dans une petite place bien modeste, une exposition de produits cultivés à Bayonne, et qui paraissent bien plutôt des produits exotiques. Une dame, lauréat dans toutes nos expositions d'horticulture, a entrepris d'acclimater en pleine terre, dans son domaine de Sainte-Croix, près de Bayonne, les plantes dont la culture semblait déjà fort difficile dans des serres. Ni l'Espagne, ni l'Italie ne produisent d'aussi beaux citrons; ses ananas viennent et mûrissent sur couches, sous bâches, mais sans appareil spécial; son sorgho est de la plus grande beauté; les légumes les plus vulgaires de nos jardins n'ont pas une plus puissante végétation que son ricin ou ses aloès; ses cannes à sucre, hautes de 3 mètres, semblent venues chez un planteur de profession. Mais ce qui surtout mérite non-seulement l'attention, mais un encouragement spécial, ce sont ses beaux essais de culture du coton. Madame Émile Léon, que nous nous permettons de nommer, bien que les distinctions dont elle a été l'objet à toutes les expositions lui aient fait une loi d'exposer en dehors de tout concours, a fait une véritable conquête en introduisant dans le midi la culture du coton : puisse le succès de sa culture lui susciter des imitateurs !

M. Bonneville, instituteur, qui a exposé aussi, sans concours, divers produits obtenus par lui et ses écoliers, mérite cependant d'être remarqué. Il a su intéresser ses élèves aux travaux de la terre; il leur a donné des leçons d'agriculture, d'horticulture et de physiologie végétale : il ne pouvait se montrer plus fidèle aux instructions du ministère, qui prescrit ce genre d'enseignement.

La classe la plus nombreuse, après la classe d'agriculture, est celle des produits chimiques, qui comprend, à côté des substances chimiques et pharmaceutiques, les vernis et colles fortes, les papiers et cartons, les cuirs et maroquins, et enfin le caoutchouc et ses applications.

Deux maisons de Lyon, la maison Coignet père, fils et C⁰ et la maison Coignet frères, ont exposé des produits chimiques du plus haut intérêt. On sait que la maison de MM. Coignet père et fils a fortement contribué à abaisser les prix du prussiate de potasse; ils continuent de fabriquer toutes les variétés de gélatine et de colle forte; dans leur usine si importante par le chiffre élevé de ses affaires et le nombre des ouvriers employés, ils utilisent, à l'aide du procédé de Papin, une partie de la matière animale sous forme de gélatine, et le résidu pour la fabrication du noir d'os ou la préparation du phosphore. Le phosphore amorphe, ou phosphore rouge, découvert en 1848 par M. Schrotter, de Vienne, est le principal objet de leur fabrication; le phosphore, transformé par cette préparation, prend des propriétés physiques et même des propriétés chimiques entièrement nouvelles, et il cesse alors d'être ce poison mortel à la longue pour les ouvriers occupés au *chimicage* des allumettes. La maison Coignet frères met en œuvre ce phosphore et livre au commerce des allumettes qui ne prennent feu que par suite d'une friction sur un corps préparé d'une façon particulière. MM. Coignet nous paraissent dans une excellente voie; mais qui ne sait, par expérience, combien se trouvent d'allumettes mauvaises pour une bonne, dans les boîtes vendues sous la garantie de leur cachet? Tout le progrès désirable n'est donc pas encore atteint.

A Bordeaux, nous trouvons une usine importante,

celle de MM. Fournet et Coutanceau; la fabrication du sulfate de cuivre s'opère chez eux dans les meilleures conditions; leurs aluns sont surtout employés par les papeteries si renommées d'Angoulême, et c'est en faire l'éloge, car on sait combien les fabricants de papiers de cette ville sont sévères sur le choix des agents chimiques qu'ils emploient.

Les sels de soude obtenus à Alais (Gard) par Messieurs H. Merle et Ce ont un grand mérite : les conditions économiques dans lesquelles on est parvenu à les obtenir à l'aide de procédés particuliers ont contribué à faire baisser le prix de l'aluminium, du verre, etc.

Cette même tendance à diminuer le prix des matières premières nécessaires à l'industrie nous fait aussi attacher le plus grand intérêt aux préparations chimiques de M. Fr.-B. Tissier. Cet honorable industriel qui, dès 1825, s'occupait déjà avec succès, à Cherbourg, de la fabrication de l'iode et de l'iodure de potassium, a créé en 1830, au Conquet, dans le Finistère, une usine dont la grande extension est devenue une source de bien-être pour toute la population pauvre du littoral. M. Tissier a fait baisser dans l'énorme proportion des cinq sixièmes le prix du brome et de l'iode, si utiles en médecine. Les détails donnés par le jury international de l'Exposition universelle de Paris donnent sur les produits de l'usine Tissier des détails qui en montrent bien toute l'importance.

Deux chimistes de Lille, M. Desespringalle et M. Faure, se sont présentés à l'exposition de Bordeaux : M. Faure, chef d'un vaste établissement fondé en 1820, avec du plomb oxydé en pains, en poudre et broyé à l'huile, d'une excellente préparation; M. Desespringalle, avec des produits pharmaceutiques qui font grand honneur à sa fabrication.

M. Latry prépare des blanc de zincs. Son usine de Grenelle est renommée pour les papiers dits *papiers-porcelaine* qu'elle fournit, et dont nous avons vu à Bordeaux de très-remarquables échantillons. Nous avons déjà parlé de M. Latry à l'occasion des objets en bois durci qu'il a exposés.

Les colles et gélatines de M. d'Enfert, à Ivry; celles de M. Riess, à Dieuze, sont d'une fabrication également bonne; mais que dire d'un exposant qui, par une coquetterie d'exposition mal entendue, je ne veux pas la qualifier plus sévèrement, a eu l'imprudence d'envoyer des gélatines colorées en vert à l'aide d'une substance toxique? — Espérons au moins que s'il met dans le commerce des gélatines bleues ou rouges, il se garde bien d'y mettre ses gélatines vertes.

Je ne parlerai que pour mémoire des colles fortes exposées par les usines de Givet; elles sont restées dignes de leur antique réputation.

Entre les fabricants de couleurs on distingue à l'exposition de Bordeaux M. Duret, qui a eu la bonne pensée, dans l'intérêt surtout des enfants, de préparer des couleurs sans substances vénéneuses. Nous citerons aussi avec éloges M. Deschamps, qui fournit au commerce de 80 à 100,000 kilogrammes de bleu d'outremer; son usine, encore nouvelle, doit la grande importance qu'elle a déjà prise à l'application qu'on fait de ses produits aux toiles peintes : il est remarquable que cette grande industrie se soit fondée et développée dans un petit village qui devra à M. Deschamps sa prospérité, à Saint-Jean-d'Heurs.

La papeterie nous fournit trois noms : M. Vorster a créé dans la Gironde une fabrique de papiers qui peut rivaliser avec les usines d'Angoulême; MM. Lavigne et

Prélat, de Clermont-Ferrand, ont exposé de beaux papiers d'affiche et de tenture; mais leurs papiers d'emballage sont un peu creux. Un seul fabricant, M. Dumas, a envoyé des papiers pur fil : on ne saurait trop encourager cette industrie qui menace de se perdre et de céder la place à ces produits équivoques, sans force et sans durée, auxquels trop d'établissements typographiques confient leurs impressions de pacotille. Les papiers de M. Dumas sont du reste de la plus grande beauté : à nos yeux, ce sont les produits les plus remarquables en ce genre de l'exposition.

Deux concurrents sont en présence pour les applications du caoutchouc aux tissus imperméables. Madame Fritz-Sollier, de Bordeaux, et M. A. Marçais, d'Angers, ont exposé des vêtements, des bâches, des tentes en toile imperméable. L'établissement fondé à Angers sous la raison sociale *A. Marçais et comp.* est considérable; placé dans un pays où la fabrication de la toile de chanvre est très-développée, cet établissement doit à ces conditions particulières de pouvoir fournir des vêtements en toile cirée à des prix qui en permettent l'usage aux classes les moins aisées. Le jury international de l'Exposition universelle, où cette maison a obtenu une médaille de 1re classe, a reconnu que leurs blouses, même mises en vente au prix si faible de 4 fr. 50, sont parfaitement imperméables.

D'une tout autre nature sont les produits exposés dans la vingt-quatrième classe, consacrée à la marbrerie et à la sculpture sur pierre, aux meubles en bois et à l'ébénisterie, à la sculpture sur bois et sur ivoire, c'est-à-dire, en somme, à l'ameublement et à la décoration.

A part un autel de style byzantin exposé par MM. Clément et Mazeau, de Périgueux, comme autel du xiiie siècle, et qui est d'un très-grand effet et d'un très-grand mérite, quelque opinion qu'on puisse avoir de ces rénovations artistiques; à part aussi un bouquet colossal exposé par M. Belloc, artiste qui semble se laisser aller trop complaisamment au faux goût de la statuaire polychrome, un seul exposant mérite non-seulement une mention spéciale, mais les plus grands éloges : je veux dire M. Géruzet, dont l'important établissement de marbrerie, à Bagnères-de-Bigorre, a mérité à cet industriel toute la série des récompenses, depuis la modeste médaille de bronze jusqu'à la croix d'officier de la Légion d'honneur. Que dire de plus en faveur d'un mérite sanctionné par une aussi éclatante récompense?

M. Beaufils a suivi une route analogue. Simple ouvrier, il a dû à son travail, à sa persévérance, à son aptitude spéciale de pouvoir former par degrés à Bordeaux un des établissements industriels les plus considérables de cette ville. De médaille en médaille, de succès en succès, il est arrivé jusqu'à la décoration de la Légion d'honneur que l'Empereur lui a remise de sa propre main en passant à Bordeaux. De telles récompenses n'honorent pas seulement M. Géruzet ou M. Beaufils, mais l'industrie tout entière.

M. Beaufils a exposé hors concours divers meubles qui font honneur à sa fabrication. Plusieurs industriels parisiens, entre autres MM. Guéret frères, de la rue Buffault, à Paris, ont envoyé aussi de brillants spécimens. Il est impossible d'allier l'art à l'industrie avec plus de bonheur et de succès que MM. Guéret. Certaines de leurs sculptures sont de véritables chefs-d'œuvre.

MM. Ribaillier et Mazaroz, dont l'établissement est un des plus vastes de Paris, fabricants très-distingués, n'ont pas peut-être le cachet incontestable de bon goût que réclame l'ébénisterie de luxe.

Je n'hésiterais pas à placer sur la même ligne que ces deux maisons si connues celle que dirigent à Toulouse MM. Granié frères. Un lit à colonnes imitation ébène exposé par eux, est d'une très-grande pureté de style ; les proportions en sont admirablement bien prises, sinon aux yeux de l'archéologue, qui pourrait exiger plus de largeur, du moins au point de vue absolu de l'antiquité.

Citons encore les meubles façon laque de M. Gallais, de Paris ; les sculptures sur bois, trop finies peut-être, mais fort belles et d'un très-bon goût, exposées par M. Lagnier, de Bordeaux ; enfin, les meubles de MM. Boutung, Diehl et Lefièvre, trois ébénistes habiles de Paris.

Dans la même classe étaient rangés MM. Allez frères, de Paris, chefs de cette importante maison qui étale ses immenses magasins à la fois sur le square du Châtelet, sur la rue Saint-Martin et sur le quai ; la variété infinie de leurs produits permettait de les placer dans plusieurs autres classes où ils n'auraient pu manquer d'obtenir un rang important.

Je ne citerai plus dans la vingt-quatrième classe qu'un seul exposant, M. Javelle, de Châlon-sur-Saône, qui a envoyé un petit meuble d'un usage fort commode et fort ingénieux : c'est à la fois une chaise et un escabeau à six marches, qui a sa place marquée dans tous les magasins et surtout dans toutes les bibliothèques.

C'est vers de tels objets d'une utilité pratique de tous les jours que je voudrais voir se porter les recherches de tant de braves artisans qui passent des jours, des mois, des années, celui-ci à construire un château en carton, celui-là à fabriquer un chapeau en liége, cet autre à confectionner un gilet qu'il nomme, pour de trop bonnes raisons, un gilet coffre-fort; tel invente des bottes qui se prolongent assez pour servir de pantalon ; tel autre s'ingénie à faire naviguer un petit navire, avec mâts et cordages, dans une carafe à demi remplie d'eau. Pauvres gens, pauvres gens ! je ne les plains pas, puisqu'ils ont eu le bonheur de réussir; mais avec moins de peine il leur eût été si aisé d'être plus utiles!

En étudiant les produits de la classe consacrée au matériel des ateliers et à la mécanique industrielle, je me suis plus d'une fois demandé, moi profane, si je ne devais pas ranger à côté de ces extravagantes fantaisies dont je viens de parler toutes ces machines ingénieuses sans doute, mais qui me semblaient d'un usage trop restreint pour être d'un grand secours dans l'industrie. Mais j'ai pensé à ces maisons qui font des affaires colossales avec les *spécialités,* comme elles disent, les plus insignifiantes, et j'ai compris l'intérêt que pouvaient présenter aux yeux de certains industriels et les machines à couper les brides des sabots et les appareils à pulvériser les graines de moutarde. Là j'ai vu encore des soufflets de boucher et des enclumes-bigornes, des moules de cierges et des marteaux-pilons, des filières à tarauder et des rames articulées : toutes inventions, appareils, machines qu'il aurait fallu expérimenter et que je dois me borner à mentionner.

Je demanderai cependant la permission d'insister un peu sur quelques-unes de ces machines que j'ai vues fonctionner devant moi. La première est la machine à coudre, dite machine américaine, parce qu'elle est construite d'après un système particulier à l'Amérique, mais fabriquée et vendue en France par M. Callebaut, concessionnaire d'un brevet de M. Singer. Je n'ai point à décrire cette machine, décrite déjà avec une clarté parfaite dans le rapport du jury international de l'Exposition universelle; je ferai remarquer seulement que, depuis 1855, M. Callebaut a introduit dans sa fabrication de nombreux perfectionnements, et un dernier entre autres que le public a été pour la première fois admis à juger à l'exposition de Bordeaux.

MM. Trottier frères et Schweppé, d'Angers, ont envoyé aussi leur machine à fabriquer des tuyaux de bois; leur procédé offre cette particularité que, dans un même tronc, elle détache plusieurs tuyaux concentriques, tous d'un diamètre différent, et qu'elle ménage le noyau qui se trouve tout préparé pour manches à balais, échalas, etc. Le rapporteur de l'exposition de 1854 appelait déjà l'attention sur les services que pouvait rendre cette machine pour utiliser les pins des landes, si droits et si inaltérables lorsqu'ils sont plongés dans l'eau à l'état frais.

M. Patrouilleau, de Bordeaux, a exposé une machine d'une petite dimension, exigeant peu de force, et qui fabrique avec une grande rapidité des biscuits de mer mieux percés, mieux coupés et plus égaux entre eux que ceux qui sont dus à tout autre système. Dans sa visite à l'exposition de Bordeaux, l'Empereur a examiné longuement cette machine, qui a fonctionné sous les yeux de Leurs Majestés avec un succès complet.

M. Raboisson présente un pétrin mécanique d'une très-grande simplicité et produisant les meilleurs résultats. Sur la foi d'un préjugé qui n'est pas encore complétement détruit, on prétendait autrefois que la pâte de pain et le chocolat devaient être fabriqués à bras d'homme. Je ne sais ce que la saveur gagnait, mais on sait ce que la propreté perdait à cette manutation primitive. Aussi l'emploi des pétrins mécaniques tend-il à se répandre de plus en plus.

La vingt-sixième classe, consacrée au dessin industriel, à l'imprimerie, à la typographie, à la photographie et à la reliure, est une de celles où l'industrie réclame avec le plus de profit le concours de l'art. Mis au service des ingénieurs dans des revues fort recherchées, et des inventeurs lorsqu'ils ont à prendre des brevets, le dessin industriel est même un art purement libéral : les services rendus au génie industriel par le savoir éclairé de M. Leblanc et de M. Pagès, son coopérateur si intelligent et si actif, sont appréciées de tous ceux qui connaissent les utiles publications de M. Leblanc.

La photographie, alliée à la typographie, nous a montré de véritables chefs-d'œuvre : il suffit de citer de M. Curmer la reproduction admirable du *Livre d'heures* d'Anne de Bretagne et l'*Imitation de Jésus-Christ*, deux merveilles; de M. Charpentier, *Paris dans sa splendeur* et les *Heures de la Vierge*, deux autres merveilles. Dans un autre genre, MM. Gounouilhou, de Bordeaux, et Vingtrinier, de Lyon, ont exposé de très-beaux spécimens d'impression. On fait mieux à Paris dans quelques rares maisons; on ne fait pas mieux en province.

Comme tout le monde nous connaissions d'avance les splendides ouvrages édités et fabriqués par M. Charpentier, édités par M. Curmer; nous n'avons donc pas été surpris d'avoir à les admirer à l'exposition de Bordeaux. Mais une invention qui nous paraît appelée au plus grand succès nous a vivement frappé : c'est le procédé de chromotypographie dû aux recherches de M. Rochette. M. Rochette est parvenu, à l'aide d'un procédé qui lui est propre, à imprimer un texte en quatre, six, huit couleurs et même davantage, par un tirage unique. Les spécimens exposés par ce typographe sont d'une très-grande beauté ; ses impressions de plain-chant en rouge et noir sont irréprochables et seront d'une inappréciable utilité pour les publications liturgiques.

La lithographie, à l'exposition de Bordeaux, semble mise uniquement, si nous exceptons M. Charpentier, au service des étiquettes. On connaît le défaut principal du genre : c'est l'abus des couleurs criardes, qui, commandées peut-être par le faux goût des peuples chez lesquels ces étiquettes vont désigner une foule de nos produits, y perdraient bientôt toute faveur si quelques lithographes osaient, en écoutant davantage leurs sentiments artistiques, protester contre ces enluminures plus ou moins grossières. Sans innover en ce sens, M. Nissou, de Paris, et M. Canquoin, de Marseille, ont exposé des spécimens qui, pour la vivacité des couleurs, la pureté des contours, la composition même, laissent peu à désirer. M. Charpentier, l'éditeur dont nous venons de parler, a essayé quelques étiquettes dessinées dans le style architectural du moyen âge : il y a là une tendance plus artistique, sinon sans inconvénients. MM. Romain et Palyart, brevetés pour leurs étiquettes transparentes, sont dans une voie qui nous paraît excellente, si l'application de leurs étiquettes sur la porcelaine ou le verre présente réellement toutes les garanties de solidité et de durée qu'ils affirment.

Un photographe dont la renommée est européenne, M. Maxwell-Lyte, a envoyé de Bagnères-de-Bigorre des épreuves admirablement belles de vues prises dans les Pyrénées. Cet artiste, qui toujours cherche et toujours trouve de nouveaux perfectionnements à ses procédés, a introduit surtout un procédé particulier pour la préparation des glaces collodionnées dont il conserve la sensibilité pendant deux et trois semaines. Non moins habile dans la pratique que dans la théorie, M. Maxwell-Lyte est sans contredit un des premiers entre les premiers photographes de ce temps.

M. Blanzy, dont le vaste établissement de Boulogne-sur-Mer est bien connu, a exposé une très-grande variété de plumes de toutes les formes et de tous les prix. Fondée en 1846, et la première de ce genre créée en France, cette fabrique occupe de 550 à 600 ouvriers et ouvrières, et lamine plus de 6,000 kilogrammes d'acier par semaine, au moyen de 16 paires de laminoirs ; elle possède 6 machines à vapeur de la force de 90 chevaux, et fournit aujourd'hui de 12 à 1,500,000 grosses de plumes. M. Blanzy et M. Cabasson, dont les papiers à lettres sont disposés de manière à porter avec eux leur enveloppe, véritable enveloppe de sûreté, sont les seuls industriels qui aient exposé des fournitures de bureau.

On a pu voir aussi à l'exposition d'assez nombreux registres ; ceux de M. Oliveau ont été particulièrement soignés. Quant à la reliure des livres proprement dite, on est forcé de convenir qu'elle est loin d'être sans défauts, quoiqu'elle ne se présente pas sans un certain éclat dans les vitrines de M. Boureau et de M. Martin.

La fabrique de cartonnages de MM. Cerf et Naxara tient à Bordeaux le même rang que les grandes industries, comme celles de M. Doré, de M. Bloc ou de M. Beaufils. Destinés à recevoir des prunes surtout et des bonbons, ces cartonnages se distinguent par la grande variété et, en général, le bon goût des formes ; par leur bonne confection et par leurs prix peu élevés, MM. Cerf et Naxara doivent à eux-mêmes la prospérité de leur importante maison, qui s'est vue honorée de nombreuses médailles.

Pour les mêmes raisons qui ont commandé ma réserve

quand j'ai parlé de la mécanique industrielle, je ne puis m'étendre sur les objets exposés dans la seizième classe. Je sais combien est utile, surtout dans les maisons parisiennes où l'espace est si restreint ou coûte si cher, le porte-bouteilles en fer confectionné par M. Barbou; je sais combien sont renommées les limes de M. Taborin, qui passe pour un des premiers fabricants de France; j'ai vu quelle importante industrie c'est à Bordeaux que celle de M. Martinet, qui ne fabrique cependant que des écrous et des boulons; j'ai entendu dire le plus grand bien du procédé employé par MM. Maynard, Simon et Boudet, pour la jonction de divers métaux au verre; enfin, j'ai vu par moi-même la belle glace style Alhambra, exposée par M. Alexandre jeune, de Paris, un de nos meilleurs miroitiers; mais hors de là, je n'ai pu expérimenter aucun des ouvrages en métaux auxquels était ouverte la vingt-sixième classe. Sans m'y arrêter plus longtemps, je passe donc à l'examen des produits de l'art céramique.

L'art céramique comprend à la fois la verrerie proprement dite, les vitraux peints, les terres cuites et poteries, et enfin la porcelaine.

La plus importante exposition de verrerie est celle de de la Compagnie générale des verreries de la Loire et de Rhône, établie à Rive-de-Gier (Loire) et dirigée par M. Raabe. On ne saurait trouver une plus grande variété de produits et une meilleure qualité unie à une plus notable modicité de prix. En première ligne figuraient à Bordeaux des bouteilles d'une excellente fabrication, des verres à vitre de toutes couleurs, une gobeleterie très-riche en bons modèles : tous ces mérites réunis expliquent l'importance considérable de l'usine et la juste considération dont elle jouit.

Avec des échantillons dont ils ont eu le tort de ne pas indiquer les prix, comme l'ont fait leurs concurrents en produits similaires, MM. Lespinasse frères, de Bordeaux, ont exposé une collection de matières premières, tirées du pays, et un four à verrerie qui permet une grande économie de combustible. Ce système, inventé par M. Lespinasse fils aîné, est exploité par MM. Lespinasse, en société avec la maison Cail, de Paris.

La fabrication de M. Schmitt n'est pas sans défauts. Les formes des objets qu'il expose n'ont pas toute la correction désirable. Mais leur verre est d'une grande pureté, très-net, très-blanc, et ses prix, qu'il a indiqués, sont réellement très-modiques.

La manufacture de Saint-Gobain a envoyé des verres coulés, blancs, opaques, dont l'aspect n'est pas très-satisfaisant, mais qui, sans nul doute, ne peuvent sortir d'une usine aussi renommée sans racheter, par de nombreux mérites peu saisissables à première vue, ce léger défaut. La société de Peuchot a envoyé de très-beaux échantillons de verres à vitres.

Deux exposants ont envoyé des vitraux peints : M. Jones et M. Lieuzère. Cette industrie, grâce aux nombreux perfectionnements de ces dernières années, est loin de présenter encore les difficultés qu'on lui suppose généralement. Son premier mérite ne consiste donc plus dans la difficulté vaincue. Les vitraux de M. Jones sont bons et d'un goût assez pur; ils présentent une grande variété; le Saint-Pierre-ès-Liens de M. Lieuzère est bien composé; mais il s'est privé d'un effet qu'il eût obtenu facilement en opposant les tons de ses figures, qui sont d'une même teinte assez fade. Maintenant que les vitraux peints sont de plus en plus employés dans les constructions civiles, au lieu d'être comme autrefois réservés aux églises, il faut féliciter M. Jones d'avoir importé à Bordeaux une industrie qui ne rendra plus cette ville tributaire des fabriques étrangères.

M. Devers, qui avait obtenu à l'Exposition universelle de 1855 une médaille de première classe pour ses essais de peinture céramique, a envoyé des vases, des plats, des médaillons en terre cuite émaillée. La qualité de la terre cuite est difficilement appréciable à première vue; mais la décoration artistique a un caractère qui fera rechercher des amateurs d'archéologie, sinon des archéologues, les produits de M. Devers. M. Devers étendrait certainement sa vente s'il parvenait à baisser le prix des objets qu'il fabrique.

M. Devers nous amène à parler d'un grand artiste, rival souvent heureux de Bernard de Palissy, dont il a retrouvé les procédés, de M. Avisseau, de Tours. M. Avisseau est un peu parcimonieux dans ses envois : sur deux objets qu'il s'est borné à exposer, on ne peut formuler un jugement sérieux. Son vase à fleurs rustiques et son panier de poissons sont très-remarquables et font regretter que cet habile artiste n'ait pas présenté plus de ses beaux ouvrages à l'admiration des amateurs.

De l'art cultivé avec tant de succès par M. Avisseau, M. Barbizet a fait une industrie; où M. Avisseau produit un modèle unique, M. Barbizet fournit un nombre indéfini d'exemplaires. Déjà son établissement de la place du Trône, à Paris, a pris un grand développement, et ce succès est dû aux progrès remarquables faits par M. Barbizet depuis l'Exposition universelle de Paris. Les objets exposés par cet habile industriel ont une très-grande variété de formes, et ces formes ont toutes un caractère très-original, bien éloigné des banalités de convention;

plusieurs de ses produits sont destinés aux usages domestiques, tels ses flambeaux, ses vases, son curieux plat à huîtres, etc. Ses émaux n'ont plus de ces tressaillures que les connaisseurs lui reprochaient en 1855.

L'industrie de la porcelaine est représentée à l'exposition de Bordeaux d'une manière très-remarquable par M. Vieillard, de Bordeaux, MM. Gillet et Brianchon, de Paris, M. Sazerat et M. Ardant, de Limoges, enfin par M. Dutertre et par M. Lacroix, de Paris.

La fabrique de M. Vieillard est sans contredit à la tête de cette industrie. « Placé dans les conditions les plus favorables pour l'arrivée de ses matières premières et l'écoulement de ses produits, lit-on dans le rapport du jury international de l'Exposition universelle de Paris, cet immense établissement présente aujourd'hui le plus bel ensemble de fabrication céramique qui existe en France, et mérite, par la bonne disposition de ses ateliers, d'être offert comme modèle aux établissements du même genre. » Depuis 1855, cette usine n'a cessé de marcher de progrès en progrès, grâce à l'intelligence supérieure de son chef, toujours empressé à adopter les procédés nouveaux qui lui permettent des améliorations. Les produits de M. Vieillard se distinguent par leur bonne qualité, une décoration en peinture supérieure à celle de la plupart des décorateurs de Paris, et la modicité des prix, condition de succès pour la vente hors de Bordeaux, tant en France qu'à l'étranger. 800 ouvriers sont occupés dans l'usine, 500 hommes, 150 femmes et 150 enfants. Le chiffre des salaires est assez élevé pour qu'une somme de 2,200 francs environ se répande ainsi chaque jour dans une classe laborieuse et digne d'intérêt.

M. Sazerat a exposé des porcelaines blanches et décorées, des statuettes, des groupes, des coffrets, etc. Cet industriel, chef d'une des grandes usines de Limoges, où la fabrication de porcelaine est si développée, a donné des échantillons très-variés des beaux produits de sa maison. Ses porcelaines émaillées sont très-bien réussies ; pourquoi donc fabrique-t-il des porcelaines en biscuit qui, facilement encrassées, réclament alors un lessivage toujours funeste à la peinture dont il les décore ? Le goût public les demande. Soit. Mais est-il toujours nécessaire de suivre un goût malencontreux ?

M. Ardant, venu aussi de Limoges, a plus de chances de rester dans les vrais principes de l'art en suivant les modèles qu'il a choisis. M. Ardant imite avec bonheur les vases et autres objets sortis de la manufacture de Sèvres. On ne saurait mieux comprendre qu'il ne l'a fait le but que s'est proposé le gouvernement en soutenant des établissements comme Sèvres ou les Gobelins, destinés à maintenir toujours l'art à un niveau élevé.

Une artiste de Sèvres, madame Pauline Laurent, qui n'a pas de rivaux dans la décoration des porcelaines, pour les figures, a envoyé un remarquable portrait de l'Impératrice, et cette belle peinture, qui a toujours attiré la foule des visiteurs, a toujours aussi obtenu leur admiration.

MM. Gillet et Brianchon ne fabriquent pas la porcelaine ; ils se bornent à la décorer. Leur exposition est très-remarquable. Les procédés à l'aide desquels ils obtiennent des tons chatoyants et nacrés sont tout nouveaux, et dus aux recherches de M. Brianchon qui a fait breveter sa découverte. Ils traitent la porcelaine avec l'oxyde de bismuth ; ils maintiennent cette substance à l'état de dissolution dans des huiles de térébenthine qui, se brûlant au feu, déposent sur la glaçure une couche très mince d'oxyde et lui communiquent les couleurs irisées de la nacre : les effets ainsi obtenus sont de la plus grande beauté.

MM. Dutertre frères sont aussi des décorateurs de porcelaine. Ils ont fait breveter un procédé très-élégant et très-remarquable au moyen duquel ils appliquent l'or sur la porcelaine et lui donnent, par la cuisson, l'état particulier de l'or bruni : ils suppriment ainsi l'opération si coûteuse et si délicate du brunissage, impossible d'ailleurs dans bien des circonstances. Les ateliers de MM. Dutertre, — on jugera par cet exemple de l'importance de certaines spécialités, — n'occupent pas moins de 600 ouvriers et ouvrières. Ces industriels travaillent à façon pour les fabricants de porcelaine qui leur fournissent des produits plus ou moins irréprochables, et cette façon représente un chiffre annuel de plus d'un million. Le procédé, nouveau en France, est l'œuvre de MM. Dutertre; il s'applique aussi bien sur biscuit que sur porcelaine glacée : il en résulte des effets nouveaux d'autant plus dignes de fixer l'attention que, dans ces derniers temps, l'industrie de MM. Dutertre a fortement contribué à maintenir l'activité des fabriques de porcelaine qui travaillent pour l'exportation.

M. Lacroix, de Paris, prépare les couleurs vitrifiables nécessaires aux fabricants de porcelaine, qui, pour la plupart, ne s'en chargent pas eux-mêmes. On sait quelle difficulté présente la préparation de ces couleurs, si variées suivant la température à laquelle elles cuisent, si différentes suivant la nature des objets sur lesquels on les applique. M. Lacroix, dont les produits sont fort recherchés, surtout par les fabriques de Limoges, a envoyé ici de brillants échantillons. Sa palette est bonne et sa préparation est très-digne d'éloges.

La huitième classe, comprenant trente-neuf exposants,

est consacrée aux arts de précison. Dans une première section se voient les instruments de mathématiques et de physique ; dans la seconde, l'horlogerie.

Les produits les plus nombreux de la première section sont les manomètres : divers systèmes sont en présence. Les bornes de cet article ne nous permettent pas de les décrire, et il nous est impossible de les juger d'après des expériences que nous n'avons ni faites ni vu faire.

A côté de ces manomètres figurait un compteur hydraulique inventé par M. Hallié, de Bordeaux, mais retiré par lui avant la fin de l'exposition. La disposition de ce compteur, destiné à mesurer le volume d'eau écoulé par un orifice, est toute nouvelle et assez simple; mais, bien que les expériences faites au Conservatoire sur un appareil de ce genre, avec des pressions variables, aient démontré que les différences entre le débit réel et le débit indiqué ne s'élèvent pas à plus de 5 p. 100 pour les basses chutes et 9 p. 100 pour les grandes, ce compteur est encore trop récent pour qu'il soit possible d'en constater définitivement les bons résultats pratiques.

Je citerai encore dans cette section les beaux et solides coffres-forts de la maison Haffner, du passage Jouffroy, à Paris, ses coffrets en marqueterie, ses coffrets polis, ses serrures, etc. L'importante fabrication de MM. Haffner, qui leur a mérité une médaille de première classe à l'Exposition universelle de Paris, n'a fait que se développer et se perfectionner depuis ce temps : aussi leur commerce est-il très-répandu dans la France entière. A Bordeaux, cependant, ils ont un concurrent sérieux dans M. Guy Vaissier, qui a exposé aussi des coffres très-remarquables.

M. Guy Vaissier représente aussi à Bordeaux la maison Falcot, de Lyon, dont les instruments de pesage sont très-renommés. Nous avons vu, exposées par M. Falcot, des balances de très-grande dimension, dites *balances-boîtes*, dont la sensibilité est telle qu'en agitant légèrement un doigt au-dessus d'un des plateaux, le mouvement de l'air les faisait varier; à plus forte raison le moindre souffle. Cette maison fabrique aussi pour les communes des ponts à bascule destinés au poids public, aux marchés, aux abattoirs, et, outre le crédit qu'elle leur accorde, elle garantit ses produits pendant trois ans.

Comme instrument de précision pour les pesages, je dois mentionner ici l'instrument inventé par M. Pâquerée, qui l'a nommé, tant bien que mal, le *statmographe*. Cet appareil indicateur des poids peut s'adapter à toutes les bascules, et, en même temps qu'il prévient les causes d'erreur dans les pesées répétées, il abrége les opérations; il tient même la place de l'employé chargé d'en prendre note, parce que les nombres correspondants au poids des objets pesés s'inscrivent successivement d'eux-mêmes en colonne d'addition sur une longue bande de papier. Il suffit d'avoir assisté au déchargement d'un navire pour comprendre l'incontestable utilité de cette machine. Avant de quitter cette section, nous féliciterons aussi M. Lago de ses reliefs destinés à faciliter l'étude de la géométrie, et, abordant la section suivante, l'horlogerie, nous signalerons les objets de grosse horlogerie envoyés par M. le chanoine Barthier, directeur de la maison correctionnelle d'éducation de Toulouse, et les caisses de pendules à poids exposées par M. Gaultier: ces caisses à pendules, chères aux campagnes, sont d'un prix dont la modicité ne peut s'expliquer que par un chiffre de vente considérable.

Deux exposants de cette même classe sont venus de Paris : M. Anquetin, qui expose de bonnes montres indiquant les heures différentes des divers méridiens, et M. Détouche, dont l'exposition particulière est très-nombreuse, très-brillante, et certainement l'une des plus remarquées dans la galerie du milieu où sont tant d'autres grandes industries.

La neuvième classe compte le même nombre d'exposants que la précédente : ceux-ci sont répartis en quatre groupes, selon que leurs produits ont pour objet l'emploi de la chaleur, la production de la lumière, ou l'électricité.

Dans la première section se présentent MM. Lobis et Bernard, dont la cuisine distillatoire ne peut guère être jugée qu'après des années d'expériences à bord des navires. Un autre appareil exposé par ces fabricants a longuement attiré l'attention de S. M. l'Impératrice, qui l'a fait fonctionner devant elle : c'est l'appareil destiné au bouchage hermétique des boissons gazeuses. J'ai pu, dans cette circonstance solennelle, voir l'expérience : elle a réussi avec un plein succès.

Les fourneaux économiques de M. Thorel, de Paris, ses calorifères sont ce que doivent être les produits d'un digne successeur de M. G. Laury : sa fabrication consciencieuse continue à accroître l'excellente réputation de cette ancienne et honorable maison.

Deux établissements importants de Paris ont envoyé des appareils d'économie domestique, dont l'usage tend à se répandre de plus en plus ; la maison Charles, des glacières portatives, dont le prix semble un peu élevé, et une de ces buanderies baignoires qu'elle a vendues par milliers avant l'invention faite par MM. Bouillon et Müller d'un procédé nouveau qui paraît avoir conquis la faveur publique.

L'exposition de MM. Bouillon-Müller est très-complète. Tous leurs appareils y figurent : la lessiveuse économique, opérant en trois ou quatre heures le lessivage du linge par l'emploi simultané des affusions et de la vapeur, et non par la vapeur seule (1); la machine à essorer, dont l'emploi supprime la torsion si désastreuse qu'on fait subir au linge pour l'égoutter; des séchoirs à air chaud, dont les résultats ont tellement satisfait l'administration de Mettray, qu'une plaque de marbre fixée à l'entrée du séchoir signale le nom des constructeurs; enfin, pour un autre ordre de besoins, des cafetières qui offrent l'avantage inappréciable pour les ménagères de faire bouillir le lait sans qu'il puisse se répandre (2). Ces appareils sont les seuls que MM. Bouillon et Müller aient envoyés à l'exposition; mais ils en ont imaginé plusieurs autres qui, avec ceux-ci, présentent la série complète de tout ce qui peut servir au lavage et au blanchissage du linge, et chaque jour, pour le compte des établissements publics ou des particuliers, ils en construisent de nouveaux que les bons résultats déjà obtenus leur font demander.

Il m'est impossible de juger sans expérience des appa-

(1) Déjà, en 1802, dans un rapport présenté à la Société d'encouragement, un savant observateur, M. Bosc, avait reconnu, à la suite d'expériences multipliées, que « le contact de la vapeur brûlante détruit les tissus lorsqu'ils ne sont pas défendus par une couche humide d'alcalin, » et il avait insisté sur la nécessité d'alterner les arrosages avec l'action de la vapeur.

(2) Cette cafetière ou chocolatière qui figurait parmi les produits de MM. Bouillon et Müller, a été inventée et est exploitée par M. Grellet.

reils exposés, fabriqués en vue de l'emploi et de la production de la lumière ; et il en est de même pour les bougies et stéarines dont le degré de pureté ne peut être apprécié que par des opérations chimiques. Cependant il est un industriel, ouvrier de la dernière heure, arrivé à la fin de l'Exposition, dont je dois mentionner les produits d'un genre tout nouveau, c'est le directeur de l'importante usine des bougies de Clichy, qui a envoyé des stéarines de la plus grande blancheur, décorées de peintures très-fines, chiffres, fleurs, armoiries, semis de toutes sortes. Ces bougies de luxe, qui ont leur place obligée dans les salons élégants et qui deviendront sans doute bientôt un objet d'exportation, sont d'un prix très-faible si l'on tient compte de leur décoration artistique, mais un peu élevé par rapport à leur usage. L'emploi s'en répandra bien vite lorsque cette décoration, s'opérant par des procédés mécaniques, ce qui est certainement facile à obtenir, ne réclamera plus des frais considérables de main-d'œuvre.

La cinquième section de la neuvième classe est consacrée aux appareils électriques. M. Callaud, de Nantes, y figure honorablement avec une pile particulière, perfectionnement de la pile de Daniell ; M. Gaiffe avec des appareils électriques destinés aux usages médicaux et dont tous les médecins apprécieront l'utilité ; M. Prud'homme, avec ses sonneries si recherchées dans les hôtels et les grands établissements, où les employés disséminés sont instantanément mis en rapport avec un bureau central ; enfin et surtout, je signalerai les intéressants appareils de M. Marqfoy.

M. Marqfoy est un jeune ingénieur de la compagnie des chemins de fer du Midi, et qui a été déjà inspecteur du service des lignes télégraphiques.

Attaché à l'inspection des télégraphes, M. Marqfoy s'y familiarisa avec la pratique des appareils; bientôt, cherchant à aller au delà du but déjà atteint, et entrant dans les vues du gouvernement qui abaissait les taxes télégraphiques établies entre deux départements limitrophes, il visa à obtenir une taxe uniforme par toute la France, comme nous l'avons pour le service de la poste. Pour cela, il fallait inventer un appareil qui permît, d'une part, d'utiliser les fils télégraphiques sans leur laisser un chômage inutile et dispendieux; d'autre part, de répondre aux demandes de plus en plus nombreuses qui ne pourraient manquer d'être faites. Pour répondre à ce double besoin et en même temps assurer la régularité du service et écarter les causes d'erreur, M. Marqfoy, secondé par un constructeur exercé, substitua à la main de l'homme un moteur mécanique qui dès à présent a donné, nous assure-t-on, les meilleurs résultats. On sait que le système Morse, actuellement adopté, transmet les dépêches à l'aide d'un alphabet conventionnel dont chaque lettre est représentée par une combinaison différente de quatre points et deux lignes, ainsi : A.—; B—...; C—.—.; etc. L'employé chargé de l'expédition pèse, au départ, sur un levier qu'il maintient abaissé plus ou moins longtemps, selon qu'il veut former des points ou des lignes qui seront, au bureau d'arrivée, tracés sur une bande de papier et lus par l'employé chargé de la réception. L'employé expéditeur ne peut faire fonctionner longtemps l'appareil sans une grande fatigue; il ne peut collationner sa copie en points et lignes avec la dépêche originale, et ce sont là deux graves inconvénients qui entraînent des pertes de temps fâcheuses. Dans le système Marqfoy, le bureau de destination reçoit les mêmes signes, mais ces signes lui sont transmis non plus directement, de la main à la main, pour ainsi dire, par un employé du bureau expéditeur; M. Marqfoy fait transcrire la dépêche, en points et lignes, sur un cylindre qui, se déroulant en spirale, présente des reliefs plus ou moins étendus à un levier; ce levier subit ainsi des pressions plus ou moins longues, selon qu'il doit transmettre ou des points ou des lignes. Dix de ces cylindres peuvent être affectés au service de chaque fil; la composition n'étant jamais interrompue, la transmission peut être constante et fonctionner avec une rapidité et une régularité qui assurent une grande économie, en même temps qu'elles permettent de faire des recettes plus considérables.

Voilà ce qu'il m'a été donné de comprendre à la suite des expériences auxquelles j'ai assisté. Mais des essais sont faits au ministère de l'intérieur, et c'est là que des résultats définitifs pourront être constatés bien mieux que par des expériences passagères. Si le système de M. Marqfoy est approuvé et adopté, qui sait si le télégraphe ne deviendra pas d'un usage aussi général que la poste? Un temps viendra peut-être où, pour une rétribution minime, on pourra en quelques instants transmettre sa pensée d'un bout à l'autre de la France : et serait-ce alors une utopie insensée que de rêver une époque où les voyages mêmes pourront se faire, à toutes distances, aux frais d'un tarif uniforme?

Devenu ingénieur des chemins de fer de la compagnie du Midi, M. Marqfoy a inventé aussi un système de signaux destiné à écarter tout danger de rencontre entre deux trains marchant en sens inverse sur les lignes à voie unique, ou dans le même sens sur les lignes à double voie; depuis que ces appareils sont établis entre deux points éloignés sur la ligne de Bordeaux à

Bayonne, ils ont toujours fonctionné avec le plus grand succès.

Dans la classe consacrée aux instruments de chirurgie et aux préparations anatomiques ou pharmaceutiques, je ne trouve à citer qu'un seul nom, celui de M. Préterre, dentiste instruit et praticien habile, dont l'exposition a vivement frappé tous les médecins et chirurgiens qui l'ont étudiée. Or on sait si, en général, les chirurgiens ont de la sympathie pour les dentistes. Les pièces artificielles de M. Préterre, destinées à remplacer au besoin toutes les parties de la bouche, des mâchoires ou du palais, sont fabriquées avec la connaissance la plus parfaite des fonctions auxquelles elles doivent se prêter. Fondateur d'un journal, *l'Art dentaire*, consacré à la science et non à une industrie, M. Préterre communique à tous ses confrères les observations et découvertes utiles à la pratique d'un art aux progrès duquel nul en France ne contribue plus que lui.

La classe suivante, marine et arts militaires, comptait seulement trente-sept exposants, et encore dans ce nombre faut-il compter ces constructeurs microscopiques de navires enfantins qui ont été admis à côté des industries plus sérieuses.

On sait combien est importante l'industrie des constructions maritimes à Bordeaux. M. Arman, député au Corps législatif, officier de la Légion d'honneur, est à la tête de cette industrie; mais il n'a rien exposé. MM. Chaigneau seuls ont donné un excellent exemple à leurs confrères en exposant divers modèles et plans. Entre autres modèles on remarque celui d'un navire bois et fer, d'un système qui rappelle celui de M. Bichon, avec qui ils ont été associés pendant plusieurs années. Toute la charpente intérieure du navire est en fer; toutes les parois de la coque sont en bois, et cette disposition permet le doublage en cuivre, le seul qui, jusqu'à ce jour, ait présenté, paraît-il, plus d'avantages que d'inconvénients. L'emploi des membrures en fer augmente notablement la capacité du navire, et c'est là une amélioration importante. Mais il se présente ici une question dont nous laissons la réponse aux hommes compétents : quelle est l'action chimique réciproque du bois de chêne et du fer mis en contact sous l'influence de l'air toujours chargé d'humidité en pleine mer ? Y aura-t-il formation de tannates et de gallates de fer ? Quelle sera leur influence sur la conservation des bois ? L'expérience en décidera.

M. Godet présente un appareil nouveau propre à diminuer la voilure sans recourir à la manœuvre dangereuse qui se pratique aujourd'hui ; ce système sera encouragé par les hommes spéciaux. — M. Gallois a envoyé de l'île de Ré une cloche automatique qui a pour but de prévenir et d'empêcher les rencontres en pleine mer ; l'appareil n'a pas encore reçu tous les perfectionnements désirables, mais l'idée en est très-bonne. — M. Lumeau, de Bordeaux, a inventé un canot de sauvetage qui se met très-promptement à la mer à l'aide d'un procédé particulier de l'invention de l'exposant. L'utilité de cet appareil était fort appréciée par les marins qui l'examinaient.

Mentionnons encore les excellents cordages exposés par M. Lafaye, qui dirige une fabrique très-importante à Bordeaux et qui a introduit dans cette ville la confection des cordages en fer. M. Lacombe présente aussi de très-beaux cordages. Les filets de M. Guignan, compris également dans cette classe, sont admirablement beaux.

Dans une autre section de la même classe nous trouvons deux exposants dont le nom seul fait assez l'éloge : M. Creuzé, directeur de la manufacture de Châtellerault, et M. Devisme, le récent inventeur de la balle foudroyante.

La première section de la cinquième classe était réservée à la mécanique appliquée aux chemins de fer. Est-il besoin de dire que les systèmes de freins y dominaient comme à toutes les expositions? On a lu dans un journal qu'un épouvantable accident est arrivé sur tel ou tel chemin de fer; aussitôt dix personnes, mues par les meilleurs sentiments, se mettent à l'œuvre, presque toujours sans connaître le premier mot de la question, et voilà dix freins inventés. Allez dire à ces ingénieurs improvisés que l'arrêt instantané auquel ils visent presque tous serait souvent plus dangereux qu'une collision; ajoutez que si le mécanicien chargé de conduire un train apercevait un obstacle trop tard pour arrêter ses wagons par les moyens ordinaires, ce qu'il aurait de mieux à faire serait de lancer sa machine à toute vapeur et non de l'arrêter immédiatement, vous ne serez pas cru, et les compagnies continueront à subir les importunités sans bornes d'inventeurs qui trouvent tous absurdes les systèmes de leurs concurrents, et qui ont bien raison.

La section sellerie et carrosserie est très-bien représentée par des industriels distingués et de très-beaux produits. D'abord se présente M. Bergeon, de Bordeaux, qui dirige un établissement considérable : ses omnibus, ses tilburys, toutes ses voitures, en un mot, sont d'une très-belle et très-bonne fabrication. Rien de plus élégant que les voitures de M. Delmas, mais qu'elles sont chères! surtout si on les compare avec celles non moins remarquables de M. Dufour, de Périgueux, dont les produits sont d'un prix si faible qu'il semble à peine en rapport avec la valeur habituelle des voitures. MM. Laumonier et Gaudin ont envoyé une caisse de voiture qui paraît irréprochable; M. Fajan, des jeux de vasistas parfaitement réussis pour calèches; M. Ulmer, des essieux d'un nouveau système que l'expérience jugera, mais qui paraît fondé sur de bons principes; enfin M. Monnier-Noël, une bride-frein de son invention qui ne permet pas au cheval de s'emporter, si vigoureux qu'il soit, et soit qu'on l'attelle à la voiture ou qu'on le monte. Cet appareil, peu dispendieux, ne gêne en rien cheval dans sa marche régulière et est d'un aspect plutôt élégant que disgracieux. L'usage ne pourra manquer de s'en répandre.

J'arrive à la métallurgie, qui, dans une même classe et une même section, compte trente-quatre exposants. Là paraît l'importante usine du val d'Osne, dirigée par M. Barbezat. De toutes les maisons parisiennes qui s'occupent de l'industrie si importante des fontes d'ornement, disait le rapport du jury international en 1855, la maison Barbezat est incontestablement la plus considérable par la grande variété et par la beauté de ses produits, dues au choix intelligent de ses modèles. A l'exposition de Bordeaux on a pu apprécier de nouveau ces mérites. Certaines statues de fonte atteignent presque la beauté du bronze, et, dans le nombre considérable des produits exposés, je ne sais si l'on trouverait une seule pièce défectueuse.

M. Calard est aussi le chef d'une grande industrie. Il est le premier qui ait établi en France une usine pour la fabrication des feuilles métalliques perforées; la variété infinie des dessins, la netteté et la régularité de l'exécution de ses produits sont des mérites très-remarquables;

les machines qu'il fabrique et qu'il emploie lui permettent d'obtenir jusqu'à quatre mille trous par décimètre carré. Les nombreux usages auxquels s'appliquent les perforés expliquent la grande importance de cette industrie, dont les produits sont empruntés par plusieurs autres.

MM. Daney frères, de Bordeaux, ont une exposition très-variée : rouleau compresseur à vapeur, chaudière à vapeur verticale, chaudière à vapeur à bouillons, rivets à la mécanique, bronzes d'art et enfin robineterie, tels sont leurs principaux produits ; peut-être, en voyant l'inévitable inégalité de mérite d'objets si différents, pourrait-on regretter cette variété plutôt que s'en féliciter.

La robineterie de M. Herdevin se distingue par une variété de modèles, heureuse parce qu'elle s'applique à un genre unique, et par un grand fini. MM. Bassié et fils, qui pratiquent la même industrie spécialement pour l'usage des machines à vapeur, ont aussi une exposition remarquable.

La variété dans une même branche de fabrication est aussi le mérite de M. Duvergé, qui a su, par une élégante disposition de ses écrous et de ses boulons, attirer l'attention des visiteurs et la fixer ensuite par le mérite intrinsèque de ses produits.

Quand des industriels comme MM. Estivant frères, chefs d'une des plus importantes maisons de France, envoient à une exposition leurs produits, on peut être sûr que ces produits seront dignes de leur haute réputation. Les tuyaux étirés en cuivre, sans soudure, exposés par MM. Estivant, témoignent de l'incontestable supériorité d'une fabrication qui n'a pas craint, à Londres en 1851, comme à Paris en 1855, d'accepter la lutte avec un pays où s'est en quelque sorte monopolisé le marché du cuivre (*Rapport du jury international*). MM. Estivant ont obtenu partout les plus hautes récompenses. Leur présence à Bordeaux prouve l'intérêt que l'exposition de cette ville offre à leur industrie.

C'est avec la plus sérieuse attention que nous avons visité les minerais exposés par M. Ferrère, minerais trouvés dans les explorations faites par lui dans les Pyrénées, en vue de ses études pour le chemin de fer international. Que ce chemin de fer se construise avec ce cortége de routes qui ne manquent jamais de s'y rattacher, et ces richesses enfouies offriront une exploitation des plus avantageuses. Le même intérêt s'attache aux minerais de cuivre, de plomb argentifère, de manganèse, de zinc, de fer, de terre réfractaire et de marbre des gisements de l'Hérault; ces produits, exposés par M. de Bonne, montrent bien les ressources inépuisables de notre sol.

La Compagnie des chemins de fer d'Orléans a envoyé deux blocs de charbon de terre tirés des mines d'Aubin, dont l'exploitation lui appartient : quand on voit ce magnifique charbon, acheté par une compagnie pour qui rien n'est trop cher de ce qui est supérieur, on se félicite de cette conquête sur les charbons étrangers. Les houilles de l'Aveyron sont aussi très-remarquables, et l'on voit avec bonheur l'exploitation de ces matières, entreprise aussi dans de si vastes proportions en Maine-et-Loire par M. de Las-Cases, s'opérer dans un grand nombre de points de la France.

Avant de quitter cette section, je mentionnerai encore les belles feuilles d'étain obtenues par M. Masson à l'aide de procédés qui lui sont particuliers. Malgré le degré d'extrême ténuité auquel ce fabricant a amené ses produits, ils présentent une grande résistance.

La meunerie fournit à notre examen un grand nombre de meules qui sont généralement de très-bonne qualité; mais, dans cette section, deux exposants se présentent avec un mérite tout à fait hors ligne : M. Cabanes et M. Falguière.

M. Cabanes a inventé un système particulier pour la mouture des grains. Son moulin accélérateur se distingue des autres par la rapidité réelle de son fonctionnement et par l'emploi d'un ventilateur qui a pour effet de refroidir la farine échauffée par la vitesse de la rotation et en même temps d'empêcher les engorgements de farine sur certains points, en la chassant constamment du centre à la circonférence. Lors de sa visite à l'exposition, S. M. l'Empereur, frappé des résultats obtenus par M. Cabanes, chef d'une très-importante minoterie, a daigné lui conférer de sa main, à la demande de S. M. l'Impératrice, la décoration de la Légion d'honneur.

M. Falguière expose une minoterie complète, dont le prix, en comprenant la machine à vapeur, ne s'élève pas à plus de 15,000 francs. Outre la locomobile, cette minoterie comprend deux moulins, un blutoir et un nettoyeur à blé. Une particularité notable de ces moulins, c'est que les meules en sont verticales, pourvues également d'un ventilateur qui produit les mêmes effets que celui du système Cabanes. Les meules, dont le diamètre ne dépasse pas 40 centimètres, produisent, malgré ces dimensions réduites, un effet qui est à celui des meules ordinaires, comparativement si dispendieuses, comme 68 est à 100. De la meule, un système ingénieux d'hélices et de godets conduit la farine dans les blutoirs où s'achève la série des opérations obtenues par l'appareil complet. Nous n'avons pas la prétention d'être une autorité en pareille matière, mais nous n'hésitons pas, après avoir vu fonctionner l'appareil de M. Falguières, à en signaler le grand mérite et l'incontestable utilité. Ce système peu coûteux qui occupe peu de place, d'une manœuvre facile, arrivera peut-être à supprimer les moulins si gênants sur les cours d'eau.

Le nombre des exposants diminue sensiblement dans les classes qu'il nous reste à examiner. Ainsi la dix-septième classe, consacrée à l'orfévrerie et aux bronzes d'art, ne compte pas plus de trente-deux noms.

La première section de cette classe comprend les ornements d'église. Nous avouons n'avoir rien rencontré de bien remarquable : la plupart des objets sont fondus sans grande finesse et semblent surtout viser à l'effet. Quelques objets ornés d'émaux, d'une assez grande difficulté d'exécution, ne sont pas sans valeur.

Je ferai entrer dans cette classe un Christ en granit sculpté, envoyé de Lannion par M. Hernot. Ce curieux monolithe se fait remarquer par sa grande dimension, qui explique la difficulté du travail, mais surtout par ce travail même. La nature de la matière convient admirablement aux objets religieux de ce genre, destinés à être placés sur les chemins, dans nos pieuses campagnes ; et le ton sévère de la pierre est d'un grand effet.

La bijouterie nous présente plusieurs noms importants dans cette industrie qui touche à l'art de si près. Voici M. Milisch, de Paris, avec ses beaux articles en argent doré et en aluminium ; MM. Darley et Latreille, de Bordeaux, avec leur bijouterie fine et leurs élégants modèles, particulièrement en style Louis XV, qu'ils fabriquent avec une grande pureté, et dignes d'entrer en concurrence avec les meilleures maisons de Paris ; M. Hémery, avec ses bijoux de fantaisie, montés avec un goût exquis ; MM. Petit et Cabrol, fabricants distingués de Bordeaux ; M. Gueyton, avec ses bijoux en argent oxydé, ses belles urnes, ses coffrets de si bon goût, ses coupes de forme si élégante. Dans cette section paraît encore M. Thénard, bien connu à Paris par ses belles gravures sur pierres fines et sur métaux. On sait que c'est lui qui a gravé les armes de l'Empereur sur les canons offerts par S. M. la reine d'Angleterre, et le choix qu'on a fait de lui pour ce travail prouve sa supériorité.

La section suivante, sculpture sur métaux et bronzes d'art, nous présente en première ligne deux noms pour lesquels il n'y a plus de récompenses à obtenir en province, après celles qu'ils ont méritées aux expositions universelles de Londres et de Paris : M. Barbedienne et M. Christofle. On ne peut que leur savoir gré d'avoir envoyé quelques-uns de leurs magnifiques produits qui ont contribué à rehausser l'éclat de l'Exposition et offert d'excellents modèles de goût. C'est à cette précieuse propagation de bons modèles que la France doit sa supérorité sur l'Europe. Le bon goût, résultant de l'alliance de l'art et de l'industrie, est un des mérites les plus considérables de nos produits, et nul n'est mieux fait pour le comprendre et le répandre que des hommes comme M. Christofle et M. Barbedienne.

MM. Susse frères ont envoyé de très-beaux échantillons, non de leur papeterie, mais de leurs bronzes. Dire qu'ils ont le monopole de la reproduction des modèles de Pradier, c'est dire le sentiment éclairé qu'ils apportent dans le choix des types qu'ils reproduisent.

M. Daubrée dirige à Paris et à Nancy un établissement considérable. C'est un fait très-important que cet honorable industriel ait pu créer une industrie de ce genre en province, où il est si difficile de rencontrer de bons ouvriers. Entre autres œuvres exposées par M. Daubrée, nous citerons la réduction d'un bénitier commandé par S. M. l'Empereur (1).

MM. Vauvray frères, de Paris, ont exposé des pendules, des garde-feu, des suspensions en bronze : leur industrie est bien définie par la nature des objets qu'ils ont envoyés ; elle a montré ses mérites par le fini et le goût qui donnent un cachet particulier à leurs produits.

M. Grados a donné une très-grande extension à la fabrication du zinc repoussé et estampé pour l'ornementation des bâtiments ; vases, balcons, galeries, clochetons, tous ses produits sont admirablement soignés. M. Grados a des procédés particuliers pour rendre le zinc ductile et propre à l'estampage ; c'est là un mérite dont il est juste de lui tenir grand compte. — M. Sarraille fabrique, à Bordeaux, les mêmes produits que M. Grados et avec un véritable talent. Les objets qu'il a exposés sont très-variés, et, grâce à son industrie, Bordeaux peut cesser d'être tributaire de Paris.

Un des faits industriels les plus importants de notre époque, c'est assurément l'extension donnée aux divers emplois du zinc. Les premiers essais de laminage du zinc datent d'une quarantaine d'années à peine, et déjà la

(1) Ce charmant bénitier, dû au talent distingué de madame Léon Bertaux, fut fort remarqué au Salon de 1857 ; il fut alors acheté par S. M. l'Empereur à l'habile artiste, qui en confia l'exécution en bronze à M. Daubrée et lui céda le droit d'en éditer des réductions de diverses grandeurs. Ce bénitier est supporté par trois enfants qui, par l'expression, le geste et les attributs, personnifient les trois vertus théologales, la Foi, l'Espérance et la Charité.

Éditeur de cette œuvre importante, M. Daubrée a attaché son nom à la reproduction vraiment artistique des travaux de nos plus célèbres sculpteurs contemporains : il nous suffira de citer les Cumberworth, les Pascal, les Fratin, les Freckin (de Bruxelles).

consommation qui s'en fait a atteint le chiffre de 30 millions. Employé pour la couverture des maisons, les conduits d'eau et les gouttières, les ustensiles de ménage, le doublage des navires, le satinage des papiers, etc., le zinc se prête, à l'aide de l'estampage, à tous les genres d'ornementation architecturale ; on en a fait des fils pour grillages, des clous même pour le chevillage des navires, la pose des ardoises, l'attache des toiles, etc. : dans la construction d'un navire entier, *le Comte-Lehon*, on a pu n'employer que le zinc, sous les formes variées que nous venons de rappeler, et ce bâtiment navigue depuis six ans dans les meilleures conditions.

Je n'ai point à parler ici du blanc de zinc, qui remplace si utilement le dangereux blanc de céruse ; il n'en a pas été envoyé à l'exposition de Bordeaux ; mais il est un autre emploi du zinc qui prend chaque année de plus grands développements, dans l'intérêt des gens qui ont le goût dispendieux des objets d'art sans avoir la fortune qui permet de le satisfaire.

Il y a vingt ans environ, on commença à se servir du zinc pour fondre des flambeaux, des encriers, des pendules, etc. Mais, à cette époque, il fallait peindre ces objets en couleur de bronze, et, comme on n'osait faire de grands frais pour monter une industrie dont on doutait, fonte et peinture laissaient beaucoup à désirer : de là une prévention très-légitime contre l'emploi du zinc ; prévention qui a persisté malgré les perfectionnements apportés depuis à cette fabrication. La découverte du cuivrage galvanisé a créé un tout autre avenir au zinc, en l'assimilant, quant à l'aspect du moins, au bronze lui-même. Les progrès ont été lents cependant ; les fabricants avaient peine à se résoudre à donner une valeur artistique à un métal sans valeur ; ils durent comprendre que le choix des modèles exigeait du goût, et la confection des moules une dépense plus forte. Mais, en supposant un bon choix, des moules préparés avec soin, le zinc pourra-t-il fournir de véritables objets d'art ? Il suffit de savoir comment s'opère la fonte du bronze et celle du zinc pour n'en pouvoir douter. En effet, le zinc fondant à une température relativement peu élevée, peut se couler dans des creux en cuivre, et n'exige, à la sortie du moule, aucune retouche; le bronze, au contraire, ou plutôt le laiton, — car c'est d'un alliage de cuivre rouge et de zinc que se servent nos fabricants de *vrais* bronzes, et non de cet alliage de cuivre et d'étain qui constitue le bronze véritable ou métal de cloche, — le laiton ne se moule que dans le sable et exige des retouches où la personnalité de l'ouvrier paraît toujours plus ou moins. De ces considérations résulte pour nous la conviction que le zinc ne se prête pas moins que le laiton, le bronze, comme on l'appelle, à la reproduction des objets d'art ; l'identité est déjà absolue pour les grands objets ; et si dans les détails des petits objets la ciselure laisse encore à désirer, la faute en est à l'homme, non au nouveau métal conquis par l'art.

A l'exposition de Bordeaux, les statues et autres œuvres d'art en zinc, envoyées par M. Boy, ont montré tout ce que l'on peut attendre en ce genre d'une industrie bien dirigée. En voyant ses beaux produits vendus avec une différence de 75 p. 100 sur les vrais bronzes, on ne pouvait s'empêcher de penser à la propagation des bons modèles qui résultera pour la France et l'Europe de cette heureuse application du zinc au premier des arts.

A la tête d'une industrie d'un autre genre, mais qui se rattache également à l'art, se présente M. Granger. M. Granger fabrique des bijoux faux ; c'est là une industrie toute française, dont les produits sont extrêmement recherchés pour l'exportation, particulièrement pour le Mexique et l'Espagne. Ce qui caractérise les bijoux de M. Granger, dont les ateliers ont atteint les plus vastes proportions, c'est qu'il apporte à la fabrication de ses bijoux faux le même soin qui s'attache aux bijoux vrais : même goût dans le montage, même choix dans les modèles, même solidité. Les églises des pays méridionaux recherchent beaucoup ses diadèmes, ses couronnes, etc., et, dans le monde entier, les théâtres ont recours à son industrie, dont les produits tromperaient l'œil le plus exercé. On sait que M. Granger fabrique avec une véritable supériorité les anciennes armures ; c'est lui qui a fourni à la salle d'armes du château de Compiègne les panoplies dont elle est ornée ; on regrette qu'il n'ait pas envoyé à Bordeaux quelques échantillons de ses beaux produits en ce genre.

La fabrication des instruments de musique était représentée, à l'exposition de Bordeaux, par les plus grands noms de cette industrie : Pleyel, Montal, auprès desquels se plaçaient des facteurs habiles de province, quelques-uns, comme M. Martin, de Toulouse; M. Bressler, de Nantes ; M. Bergeret, de Bordeaux, avec d'incontestables mérites. Là aussi paraissaient avec avantage MM. Aucher, M. Krielgelstein, M. Debain, M. Alexandre. Dans la section des instruments en cuivre figuraient M. Raoux, M. Labbaye et M. Besson. Ce dernier, un de nos plus habiles luthiers, a envoyé des instruments en bois et en papier, qui, disposés dans la forme d'instruments similaires en cuivre, donnaient exactement le même son, avec un peu moins d'intensité seulement dans le volume du son. Ce n'est donc pas aux vibrations particulières du cuivre, sous l'influence des ondes sonores, mais à la disposition seule de l'instrument, qu'est due la production du son. Les curieuses expériences qui ont été faites à ce sujet ont vivement intéressé le public de l'exposition.

Deux autres instruments ont vivement aussi attiré l'attention, avec des mérites différents et une importance qui ne saurait être la même dans l'usage de l'un et de l'autre : l'un est une sorte d'harmoni-flûte, dit *pianorgue*, perfectionné par M. Cauderès, de Bordeaux. Cet habile luthier a joint à son instrument, qui se touche avec le même doigté que le piano, plusieurs pistons destinés à modifier la production, la durée et l'expression du son. Il rattache au corps de l'instrument, par des charnières, le soufflet qui restait tombant autrefois ; enfin, il le monte sur pieds et le garnit de pédales ; et cette disposition, qui permet de jouer à deux mains, rapproche de plus en plus le pianorgue du piano, à l'étude duquel il prépare.

Un autre instrument, sans analogue, de création toute nouvelle, c'est l'orgue *symphonista*, inventé par M. l'abbé Guichené. Avec cet utile instrument, la plus petite église pourra voir ses chants liturgiques accompagnés avec autant d'éclat que dans nos plus brillantes cathédrales ; il suffit de quelques heures d'exercice pour quiconque connaît le plain-chant. Ce petit orgue, le plus remarquable, au point de vue de l'originalité, de tous les instruments de ce genre, est composé d'un clavier ordinaire, qui fait résonner un seul jeu d'anches libres mis en vibration par la soufflerie ordinaire de l'harmonium. Au-dessus de ce clavier, on en trouve un autre dont les touches larges, en ivoire, sans distinction de dièses ni de bémols, portent le nom des notes. Ce clavier est en communication avec des successions et combinaisons d'accords réglés conformément à la tonalité du chant grégorien. Quatre séries d'accords majeurs et mineurs, qui en comprennent trente-neuf dans leur ensemble, embrassent toute la tonalité du chant de l'église. Chacune de ces séries correspond à un des tons authentiques du plain-chant et à son plagal. Les séries se changent en raison du son qu'on doit accompagner, par une crémaillère à clef. « Quelles que soient les suites des notes du chant, ajoute le rapport du jury international, auquel nous avons emprunté cette description, les successions des accords sont conformes aux règles d'une bonne harmonie. » En considération de ces mérites, M. l'abbé Guichené obtint une médaille de première classe à l'Exposition de Paris, en 1855.

Mais depuis l'Exposition universelle, cet instrument a acquis des perfectionnements trop remarquables pour que nous n'en disions pas un mot. L'orgue *symphonista* de M. l'abbé Guichené ne possédait alors qu'un système harmonique, composé de quatre séries d'accords. L'orgue *symphonista* exposé à Bordeaux possède quatre systèmes harmoniques, aussi de quatre séries d'accords chacun : le premier, haute *alla Palestrina*; le deuxième, basse *alla Palestrina*; le troisième, haute moderne ; le quatrième, basse moderne. De cette manière pas de monotonie possible dans l'accompagnement des mélodies, quelle que soit leur tonalité. Il faut observer, de plus, qu'on change d'harmonie instantanément et à volonté, au moyen d'un bouton ou registre placé de chaque côté du clavier harmonique.

La quatrième classe, comprenant vingt-trois exposants, a reçu les machines destinées à l'industrie en général. Au premier rang se placent les machines de M. Cail, qu'il suffit de nommer pour garantir la supériorité de ses produits. Vient ensuite M. Cousin, mécanicien très-soigneux, qui a exposé une machine à vapeur de douze chevaux, une turbine hydraulique centrifuge, une presse hydraulique de 400,000 kilogrammes, etc.; M. Bossès jeune, mécanicien, a envoyé un tour parallèle qui peut rivaliser avec les meilleurs produits des usines de Paris; M. Fragneau construit surtout des machines à vapeur de force moyenne, propres à répandre de plus en plus l'usage de ces appareils; une de ces machines a fixé l'attention de S. M. l'Empereur, qui l'a achetée pendant sa visite à l'exposition. M. Dietsch est celui des constructeurs de Bordeaux qui fabrique le plus; une de ses machines, placée sur *l'Hercule*, en rade de Bordeaux, attirait les visiteurs autant que celles qu'il avait envoyées à l'exposition. M. Gargan a des machines pour estamper les pièces de tôlerie; l'emploi qu'il fait à cet effet de la presse hydraulique ouvre une voie nouvelle à l'industrie du repoussé, qui pourra opérer sur des pièces de vastes dimensions, ce qui n'ôtera rien au mérite des ouvriers habiles qui, comme M. Paget, entreprennent hardiment le repoussé au marteau, genre aujourd'hui trop négligé; enfin M. de Coster a exposé une turbine d'un très-grand mérite pour le *clairçage* des sucres.

La Compagnie du Midi a tenu à honneur de figurer à l'exposition de Bordeaux, et c'est avec le plus vif intérêt que tous les hommes spéciaux étudient les plans de ses magnifiques ateliers et examinent les remarquables pièces de forge qu'elle a exposées. On admire aussi son outillage si complet, et en particulier un tour pour les roues de waggon, dont la puissance est telle qu'il enlève des copeaux de fer de 6 à 7 millimètres d'épaisseur avec autant de facilité que le rabot du menuisier enlève les coquilles de bois. En fondant à Bordeaux un établissement aussi considérable, la Compagnie du Midi a rendu un véritable service non-seulement à l'industrie bordelaise, mais à celle de tout le midi, par les ingénieurs qu'elle a appelés et par le soin qu'elle a eu de rechercher et d'adopter toujours les outils, les instruments et les machines les plus perfectionnés ; elle a créé ainsi un sujet d'étude et un objet d'imitation pour tous les ouvriers forgerons, ajusteurs, mécaniciens, etc., qui visitent constamment ses ateliers, véritable musée pratique de l'industrie.

M. Delisse a exposé un moteur d'un genre particulier, que S. M. l'Empereur, frappé de son mérite, a daigné acheter pour le camp de Châlons. C'est un moulin à vent, qui se règle lui-même suivant la force et la direction du vent, et conserve toujours la régularité de sa marche. Cette machine, d'un prix peu élevé et d'un entretien facile, fonctionne depuis plus de six années avec succès dans la Gironde, où on l'applique à l'extraction de l'eau des puits, à l'irrigation et au desséchement des marais.

Les seuls objets dont il reste à parler, répartis dans diverses classes, sont les tissus de lin, de chanvre, de coton, de soie, et enfin l'industrie des laines.

Les tissus de soie n'ont aucune importance, si l'on excepte les envois de MM. Monnier et Garnier, de Nîmes, et surtout ceux de MM. Couderc et Soucaret, de Montauban, qui ont exposé des soies gréges et des tissus à bluter irréprochables. MM. Couderc et Soucaret, lauréats habituels des expositions, ont toujours obtenu les plus hautes distinctions. Enfin MM. Rémusat et Dumas, de Bordeaux, fabriquent des passementeries qui ont paru très-remarquables.

Parmi les tissus de coton et de fil, nous avons distingué les magnifiques percalines étoilées et lamées d'argent, fabriquées par M. Hæffely fils, à Mulhouse, à l'aide d'un procédé qui lui est particulier. Un fabricant d'Alençon a envoyé de belles toiles; mais qui ne fabrique pas de belles toiles? Son mérite serait de les vendre à bon marché; mais comme il a eu le tort de ne pas indiquer ses prix, méconnaissant ainsi ses véritables intérêts, il nous est impossible d'apprécier ses produits comme il conviendrait.

Une préparation particulière permet à MM. Million, Guiet et C⁣ᵉ de donner à la toile l'apparence du cuir. Un grand fabricant de meubles, auprès duquel je me renseignai sur ce produit, M. Beaufils, n'a pas hésité à reconnaître que ces cuirs, dits américains, valaient au moins les moutons maroquinés qu'ils sont appelés à supplanter et à remplacer dans une foule d'industries.

Les fabricants de tapis présents à l'exposition, pour ne citer que les principaux, sont MM. Requillart, Roussel et Chocqueel, M. Braquenié, M. Planchon, directeur de l'importante fabrique des tapisseries de Neuilly : ces industriels, si connus par leurs beaux produits, ont eu à cœur de soutenir leur réputation, et leurs envois à l'exposition de Bordeaux sont des plus remarquables.

MM. Laroque et Jacquemet ont leur fabrique à Bordeaux. Dans leur importante maison la laine est soumise à toutes les préparations successives, nettoyage, épuration, teinture, filature, qui permettent d'en faire des tapis, des moquettes et des couvertures. Les tapis ont été fort remarqués; les couvertures sont d'une qualité supérieure; les laines filées et teintes présentent un très-bel assortiment de nuances, surtout celles qui sont préparées pour faire des bas chinés : le fondu des couleurs a frappé tous les connaisseurs.

Les beaux produits de MM. Laroque et Jacquemet nous amènent à parler des tissus exposés par M. Fort, de Saint-Jean-Pied-de-Port. Il est très-intéressant de penser qu'une industrie aussi considérable que la sienne a pu s'établir au milieu même des montagnes, et qu'il a pu obtenir une assez grande réduction dans ses frais de main-d'œuvre pour être à même de vendre, aux prix les plus infimes, des couvertures de lit et de voyage, des manteaux pour le Brésil, etc. Aucun fabricant n'a exposé des produits de même qualité pour le même prix : ainsi nous avons vu marquée 6 fr. 25 c. une couverture d'une assez grande dimension et qui n'avait pas moins de quatre couleurs.

Nous arrivons enfin à la quinzième classe, où ne paraît qu'un seul exposant, M. Jackson, chef d'une des plus importantes usines de France pour la fabrication de l'acier. M. Jackson, que S. M. l'Empereur a décoré de la croix de la Légion d'honneur après avoir examiné longuement ses beaux produits, obtient l'acier par le procédé Bessemer, longtemps réputé le meilleur. Cette supériorité lui reste-t-elle acquise? Nous n'oserions le décider; car nous savons qu'une découverte nouvelle, d'une importance égale, sinon plus grande, vient d'être faite par un honorable ecclésiastique du département de la Vienne, M. l'abbé Pauvert, qui obtient des plus mauvaises qualités de fer des aciers aussi bons que ceux tirés des meilleurs fers de Suède. On assure même, et c'est là une importante consécration, qu'un des établissements métallurgiques les plus importants de France a traité avec l'inventeur pour l'exploitation de son brevet. Sans rien retirer du mérite de M. Jackson, de l'importance de son établissement, de la valeur de ses procédés, la découverte de M. l'abbé Pauvert paraît telle cependant qu'il est permis de mettre en présence deux procédés de cémentation dont l'avenir décidera la supériorité relative.

LES COLONIES, L'ALGÉRIE, LES LANDES

A L'EXPOSITION GÉNÉRALE DE BORDEAUX.

I

LES COLONIES ET L'ALGÉRIE.

Un des faits les plus importants de l'exposition de Bordeaux c'est la présence, à cette grande manifestation industrielle et commerciale, des produits envoyés par nos colonies, la Guadeloupe, la Réunion et surtout l'Algérie ; enfin, s'il est permis de considérer les régions incultes de la Gironde et du département des Landes comme une sorte de colonie interne, qui devra au Gouvernement de l'Empereur d'être ouverte à l'industrie agricole et manufacturière, l'exhibition bordelaise nous a permis aussi de constater les nombreux et brillants résultats déjà obtenus. L'intérêt particulier qui s'attache à ces pays nous a naturellement amené à leur réserver une place spéciale dans notre revue de l'exposition.

La Guadeloupe, qui avait envoyé à l'Exposition universelle de Paris jusqu'à cent cinquante-six variétés de bois, des gommes et des résines, a voulu faire connaître ici d'autres produits. Ses liqueurs ont été fort appréciées; mais ce que l'on a surtout remarqué, ce sont des ananas d'une grosseur étonnante, d'une saveur exquise et dans un état de parfaite conservation. Les confiseurs n'oublieront pas l'envoi fait par M. Guesde, lequel, du reste, avait déjà obtenu une médaille de seconde classe à l'Exposition de Paris pour ses fruits conservés.

Les produits habituels de la Martinique sont connus, et le haut commerce bordelais les exploite avec une grande activité. La colonie a voulu raviver ses bonnes relations avec la place de Bordeaux, en envoyant ici une grande variété et un très-beau choix de ses productions. M. Bélanger, directeur du jardin botanique de Saint-Pierre, s'est chargé, avec un empressement dont on lui doit savoir beaucoup de gré, de centraliser les envois. M. Rousseau et M. Giorsello, de Saint-Pierre, et M. G. Chéneaux, de Macouba, ont envoyé des rhums et des tafias; M. Fouché, de Saint-Pierre, diverses liqueurs des îles; MM. Guiolet-Quenesson, de Fort-de-France, du sucre brut. Chacun de ces exposants, restreint dans une seule industrie, s'y est distingué. M. L. de Thoré, de Lamentin, est le seul qui ait exposé des échantillons de coton fin indigène; il a joint à cet intéressant envoi de très-bonne eau-de-vie des Antilles et une liqueur dite *crème de Delhi*, dont on m'a fait un grand éloge. Je le répète, sans oser dire : *experto crede*.

M. Bélanger, dont nous avons parlé plus haut, a envoyé pour sa part trois variétés de maïs, diverses sortes de café, de la cannelle fine et grosse, du gingembre, des clous de girofle, des légumes secs de diverses espèces, du vétiver; à côté se voyaient des fécules de moussache, de chou caraïbe, de banane, de manioc; on remarquait encore les tubercules si variées de ce riche pays, ignames, patates, choux caraïbes ; un assortiment complet d'excellentes confitures, et ce produit fort recherché en pharmacie, la casse (*cassia fistula*) ; enfin, citons ces liqueurs si appréciées des gourmets, puis des rhums, puis encore des tafias.

Cette grande variété, cette richesse de produits, la belle qualité enfin des objets exposés ont trouvé ici de dignes appréciateurs. Tout le monde à Bordeaux connaît plus ou moins les denrées coloniales ; il n'est pas douteux que cette exhibition, objet d'études pour le commerce bordelais, ne produise pour la colonie les meilleurs résultats.

L'importance des envois de la Réunion s'effaçait devant l'intérêt qui s'attachait à un produit d'une culture encore nouvelle dans la colonie, la vanille. Notre commerce, tributaire du Mexique pour ce produit, a vu avec bonheur le Gouvernement de l'Empereur abaisser, puis abolir les droits d'importation de cette précieuse denrée. Sous l'influence de ces mesures si efficaces, la culture de la vanille s'est développée rapidement ; et maintenant ceux mêmes de nos négociants qui font le plus d'affaires avec le Mexique pour ce genre de produit, sont forcés de reconnaître la qualité supérieure des vanilles de la Réunion qui, si certaines influences climatériques, communes à tous les pays où est établie cette culture, ne venaient parfois entraver la production dans une contrée, et ne forçaient alors le commerce à recourir à une autre, finiraient par supplanter entièrement celles du Mexique. Un négociant éclairé nous assure même que les vanilles de la Réunion, et ce détail est concluant, se vendent à un prix plus élevé que celles de toute autre provenance. On ne saurait trop appeler l'attention sur ce fait si important pour le commerce de notre belle colonie.

Algérie.

L'exposition des produits de l'Algérie était divisée en deux groupes. D'un côté étaient les substances végétales et les productions agricoles; de l'autre les minéraux, les pelleteries, les armes et autres objets de ce genre.

M. le chef de bataillon Loche est le directeur de l'exposition permanente d'Alger, sorte de musée qui offre à l'étude des étrangers une collection complète de tous les produits du pays en minéraux, végétaux, objets manufacturés. Cet utile établissement, entretenu aux frais de la ville, sous la direction du naturaliste éminent que nous venons de nommer, M. Loche, offre le plus grand intérêt, et il nous est permis de le dire en même temps qu'il nous est facile d'en juger, par l'extrême importance industrielle et commerciale des objets qu'il a exposés. C'est ce que prouvera cette simple énumération, à laquelle nous devons nous borner :

Marbres brèches du Fondouch; ces marbres ont été découverts par M. Bellon;

Marbres saccharoïdes du Franc-Vallon;

Marbres du cap Matifou; ceux-ci ont été découverts par M. Marenghi;

Marbres brèches de la tribu de Mouzaïa; découverts par M. Pargue, géomètre;

Ardoises de la forêt des Attafs, près de Milianah; malheureusement, ces ardoises ne sont pas encore, paraît-il, l'objet d'une exploitation en rapport avec les ressources qu'offre le gisement;

Minerais de cuivre pépiteux d'Attetah, dans le district de Tenez; — minerais de cuivre pépiteux de Mouzaïa;

Galène blende du village de Dalmatic.

Province d'Oran. — Minerais de fer et marbres brèches de Djebel-Manssour;

Pouzzolane d'Aïn-Temouchent;

Gypses cristallisés de Mascara, cercle de Géryville;

Calcaires argileux;

Calcaires onyx translucides d'Aïn-Tekbalet.

Province de Constantine. — Cette province a présenté aussi une grande quantité de minéraux et de marbres. On en jugera par quelques indications sommaires :

Blende brune et galène argentifère du Kef-Oum-Theboul;

Minerais de fer de Bou-Hamera (cercle de Bone);

Antimoines du Djebel-Taya;

Gypses de Tebessa;

Marbres, très-beaux, du mont Filffilah;

Marbres blancs du Raïdo de l'Edough;

Marbres du fort Génois;

Marbres jaunes de l'Oued-Mouka.

Parmi les diverses essences de bois nous avons remarqué :

Les bois de cyprès et de pistachier de l'Atlas;

Les térébinthes;

Le chêne vert de la forêt de Tiaret;

Les bois de thuïa et de buis de la forêt de Maadid;

Les myrtes de la forêt de Zeramma;

Les genévriers du fort de Bathna;

Le bois du chêne zeen;

Le cèdre de la forêt de Kelezema;

Le bois de laurier-rose du mont Filffilah.

Les bois de chêne kermès, de jujubier, d'olivier et d'oranger. Tous ces bois, si nous en croyons le témoi-moignage de plusieurs ébénistes distingués, sont des plus propres à la fabrication des meubles de luxe, et forment déjà les éléments d'une utile exportation qui pourrait facilement se développer encore.

A ces utiles échantillons, il est à regretter que M. Loche n'ait pas songé à joindre quelques sujets de sa belle collection d'oiseaux et de reptiles; nous espérons qu'il voudra bien nous en donner un dédommagement à une autre exposition.

Le plus important des envois de l'Algérie, après celui de l'exposition permanente, est celui de la pépinière centrale d'Alger, dirigée par M. Hardy. La pépinière centrale n'est autre chose qu'un vaste jardin d'essai et d'acclimatation, où est tentée, dans les meilleures conditions, la culture des plantes françaises et coloniales. Les frais d'entretien qu'il exige sont couverts partie par l'État, partie par la vente, à des prix très-faibles d'ailleurs, des graines et des jeunes plants. M. Hardy, l'habile directeur de ces utiles établissements, a tenu à honneur de faire connaître quelques beaux spécimens de ses cultures variées. On a regretté, il est vrai, quelques lacunes dans la collection des plantes exposées; les opiums et les colzas, par exemple, y manquaient; mais ces lacunes étaient rachetées par une grande variété de fruits, de très-beaux cotons, des sorghos, des bambous; de la cochenille d'une qualité jugée incontestablement supérieure; des soies magnifiques, soies filées, soies gréges, cocons; ajoutons des cannes à sucre, des patates, des ignames, des amandes et une foule d'autres produits très-intéressants. M. Hardy a rendu un véritable service à son pays d'adoption en signalant à l'attention, par le bon choix des objets envoyés, les ressources de notre riche et fertile colonie.

Un simple particulier, commerçant à Alger, M. Coulanjon, s'est montré jaloux, lui aussi, de faire connaître les importants éléments offerts par l'Algérie aux transactions commerciales les plus étendues entre la colonie et la mère patrie. Son exposition personnelle est un vaste bazar ouvert aux objets de fantaisie comme aux produits les plus utiles; un Arabe exilé en France n'aurait pu consentir à s'en éloigner : il y aurait retrouvé la patrie absente. Là, dans leur arrangement pittoresque, nous avons vu les poteries les plus variées : voici des cruches kabyles, des pots à eau des Beni-Raten et de Bouïra, des lampes aux mille becs, des gargoulettes des Ouled-Kebir, des Macthas et des Beni-Amromm; les vases dits étrusques du Dahra, les lampes sépulcrales de Dra-el-Mizan, les plats à couscoussou de Bouïra. Que de types curieux pour l'archéologue! quels sujets d'études dans ces échantillons d'une céramique grossière, mais originale, qui n'a varié ni dans sa fabrication, ni dans le choix des formes, ni dans son vernis, depuis dix-huit à vingt siècles! Recherchées des curieux, ces poteries sont le précieux élément d'une industrie qui occupe surtout des femmes. — A côté de ces objets, nous avons considéré avec un grand intérêt une belle variété d'armes kabyles envoyées aussi par M. Coulanjon. Ici sont de ces sabres longs, effilés, appelés *flissas;* là des yatagans recourbés et des *ajumbis* ou poignards; ailleurs des couteaux en acier battu, — telles sont nos faux en France; — ils coupent tellement que les indigènes s'en servent à l'occasion pour se raser la barbe et les cheveux. Les fourreaux de ces armes sont généralement sculptés, quelquefois grossièrement, mais toujours avec un certain goût et dans un style original. En Kabylie se fabriquent aussi des bijoux assez élégants, des parures, et surtout, en trop grande quantité, des monnaies fausses que les efforts du gouvernement sont parvenus, non sans peine, à faire disparaître.

C'est un contraste qui n'échappe à personne que de voir auprès de ces insignes de la civilisation les conquêtes faites sur les animaux terribles du désert. M. Coulanjon a demandé aux provinces de Constantine et d'Alger de remarquables pelleteries; les peaux de lion, de tigre, d'hyène, richement préparées et montées, se placent à côté des peaux de lynx et de genette; une loutre de grosseur prodigieuse s'allonge à côté du chacal traditionnel. De délicieux manteaux, ornés des plus délicates broderies, des manchons, des manchettes, de petits sacs à ouvrage faits avec des peaux de grèbes provenant des lacs Fetzaraa (province de Constantine) et Alloula (province d'Alger), nous ont montré de charmantes applications de l'art du fourreur.

Si tous les hommes s'arrêtaient devant les fusils et sabres, précieuses reliques du passé guerrier de l'Orient; s'ils admiraient le magnifique sabre, dépouille de Mulhey-Abderhamam et souvenir de la bataille d'Isly; si des groupes se formaient autour de quelqu'un de nos braves officiers, héros de nos guerres africaines, pour entendre les récits auxquels servaient de prétexte ces belles armes, les dames ne regardaient pas avec moins d'attention et d'envie ces bijoux, ces burnous, ces *gandhouras* ou robes de chambre, ces *haïcks* ou châles, et enfin ces riches éventails en plumes d'autruche dont on voit rarement en France des types aussi soignés et d'un caractère aussi original. Dans de nombreuses lithographies imprimées par la maison Bouillé pour le journal *le Tirailleur*, et signées du pseudonyme Ali-Baba, qui cache le nom de M. Bransouillet, habile professeur de dessin à Alger, on pouvait étudier des types arabes et des costumes où se voyait l'emploi de tous les objets exposés par M. Coulanjon.

Enfin cet exposant, et il faut lui en savoir gré, voulant qu'aucune des productions algériennes ne manquât à son exhibition, a envoyé aussi des cédrats énormes, des oranges de la dernière récolte, des citrons magnifiques, des régimes de bananes, des dattes, des grenades douces, des pamplemousses, des patates même, tous fruits sur lesquels l'attention du public n'a pas manqué de se porter jusqu'à la dernière heure de l'exposition.

Ces derniers objets, séparés du groupe précédent, étaient rapprochés des envois de M. Dumas, d'Alger, dont les vins blancs ont paru excellents, meilleurs que ses vins rouges; mais ce qu'on a remarqué surtout, c'est l'absinthe de cet exposant, absinthe qu'il a été permis de déguster à quelques personnes, et qui a paru incontestablement supérieure aux meilleures liqueurs de ce genre fabriquées en France. M. Dumas qui expose ces vins, récoltés à Médéah, et M. Perreau qui expose des vins recueillis dans le Sahel, sur un clos de son nom, sont d'Alger même; d'Alger aussi sont MM. Verdin et Flassellières, qui occupent un nombre considérable d'ouvriers pour fabriquer, avec les ramures des feuilles de palmier, un produit nommé par eux crin végétal, utile pour garnir, comme le crin même, les fauteuils, les canapés, les matelas, etc. Dans la même ville, MM. Chazel et Redon s'occupent de sériciculture; on a remarqué leurs cocons et leurs soies gréges; M. Thélon, horticulteur, a envoyé diverses sortes de comestibles, des oignons et des fruits; M. Barbier des cigares de différents prix, formant une vingtaine de variétés, et tous d'une fabrication supérieure; M. Palliser, une liqueur qu'il a nommée nectar Garibaldi; nectar soit, si c'est un nectar qu'une liqueur vraiment bonne, stomachique, aromatique, analogue à la chartreuse; mais pourquoi mettre sous le patronage d'hommes qui n'en peuvent mais, qui ont certainement le droit de s'en plaindre, ces boissons qu'on affuble des noms de nos célébrités contemporaines, comme la crème de Béranger, l'élixir de Lamartine, etc.? Il y a là un vrai scandale, contre lequel je suis heureux d'avoir une occasion de protester, — ce qui n'ôte rien, du reste, au mérite de la liqueur distillée par M. Palliser.

A quelques kilomètres d'Alger, M. de Gallan obtient de très-beaux blés de cette espèce particulière qu'on appelle en Anjou *poulard* ou *blé à barbe;* les épis en sont très-fournis, les grains très-gros et la farine, contrairement à celle de notre blé poulard, qui est un peu grise, en est très-blanche. Malgré la surveillance des commissaires et de la police de l'exposition, bien peu d'agriculteurs sont passés devant le précieux sac qui contenait le blé de M. de Gallan sans en prendre quelques grains, voire quelques poignées. Grand se serait trouvé l'embarras du jury, si M. Schrader n'avait pris soin de soustraire ce magnifique blé à des études intempestives hors des galeries de l'exposition.

Les céréales de M. Warnier, qui exploite la ferme de Kaudouci, ont moins provoqué de larcins; mais on a remarqué la grande variété de ses cultures et de ses produits, légumes secs, nombreuses espèces de tubercules, huile d'olives sauvages, tabacs desséchés, etc. M. Reverchon, maire de Bir-Kadem, envoie des produits analogues, qui supposent une exploitation de même importance; M. Gomila, de Boudzaréah, a envoyé du blé en grains et en gerbes; M. Marengo, maire de Douera, des manoques de tabac; M. Boensch, de Kouba, des ruches à divisions horizontales et verticales mobiles; enfin M. Mercurin, maire de Cherogas, — et on voit ici que les maires sont à la tête des progrès agricoles de leurs communes, — M. Mercurin, de très-bonnes essences extraites de diverses plantes. On sait comblien S. Exc. le ministre pousse la fabrication des essences en Algérie, désireux de voir notre colonie nous fournir ces produits si coûteux et que nous payons si cher à l'Orient. On ne peut donc qu'applaudir aux vaillants efforts et à la persévérance de M. Mercurin.

Un dernier exposant dont il nous reste à parler et sur les produits duquel nous n'hésitons pas à appeler une attention toute particulière, c'est M. Bounevialle, un de nos plus anciens colons algériens.

M. Bounevialle a eu l'idée de faire servir à la fabrication du papier les inombrables plantes textiles qui couvrent en Algérie des millions d'hectares. Les matières premières n'exigeant aucune culture, la production en étant intarissable et la récolte facile, on a droit d'attendre de cette innovation les meilleurs résultats, au moment surtout où les papiers de fil et autres atteignent un prix si élevé.

Nous avons vu à l'exposition de M. Bounevialle de nombreux échantillons des matières premières qu'il emploie, et aussi les produits qu'il a obtenus jusqu'à ce jour. Nous n'y avons remarqué, il est vrai, aucun de ces papiers de luxe dont se font, en France, nos papiers à lettres et nos beaux papiers d'impression ; mais son papier écolier, et surtout ses papiers d'enveloppe et d'emballage sont non-seulement très-beaux, mais encore très-bons, très-résistants, d'une blancheur très-suffisante, et surtout d'un prix de revient tellement bas que les prix de vente devront offrir aux acheteurs des avantages très-considérables.

Nous avons relevé, sur les divers échantillons exposés par M. Bounevialle, les indications suivantes, qui nous ont semblé offrir un grand intérêt. En donnant ses prix de revient et non ses prix de vente, M. Bounevialle a fait un acte de loyauté; et, comme il serait le premier à souffrir de son imprudence s'il avait outré le bon marché de ses produits, il n'y a pas lieu de croire de sa part à une exagération de ses bons résultats.

1. Papier tout plante, moins 15 p. 100 de cordes; prix de revient : 31 fr. — Autre, de 32 à 33 fr. — Autre, de 35 à 36 fr. — Autre qui, par sa résistance, paraîtrait devoir être très-utile pour les enveloppes de nos grandes administrations, la poste par exemple; prix : 36 fr. les 100 kilogr.

2. Papier pliage; prix de revient : 38 fr. — Autre, de 38 à 39 fr. — Autre, de 40 à 41 fr. — Autre de 41 fr. les 100 kilogr.

3. Papier pour l'impression des journaux, collé et susceptible d'être légèrement azuré :

    50 p. 100 d'alpha ou sparte;
    30 p. 100 de diss;
    20 p. 100 de vieilles cordes.

Prix de revient : 46 à 48 fr. les 100 kilogr.

4. Autre composition :

    60 p. 100 d'alpha ou sparte;
    20 p. 100 palmier nain;
    15 p. 100 vieilles cordes;
    5 p. 100 toile à voile.

Prix de revient : 47 à 48 fr. les 100 kilogr.

5. Autre composition :

    30 p. 100 palmier nain ;
    30 p. 100 sparte ;
    20 p. 100 diss ;
    20 p. 100 chiffons blancs.

Prix de revient : 48 fr. les 100 kilogr.

6. Autre composition :

    70 p. 100 sparte ;
    15 p. 100 palmier nain ;
    15 p. 100 forte toile à voile.

Prix de revient : 49 fr. les 100 kilogr.

7. Autre composition :

    60 p. 100 sparte ;
    20 p. 100 diss ;
    20 p. 100 chiffons blancs et toile à voile.

Prix de revient 49 à 50 fr. les 100 kilogr.

8. Papier écolier :

    40 p. 100 sparte ;
    20 p. 100 palmier nain ;
    20 p. 100 diss ;
    20 p. 100 chiffons blancs.

Prix de revient : 49 à 50 fr. les 100 kilogr.

9. Autre composition de papier écolier :

    40 p. 100 sparte ;
    20 p. 100 palmier nain ;
    20 p. 100 chiffons blancs ;
    20 p. 100 diss.

Prix de revient : 49 à 50 fr. les 100 kilogr.

10. Autre composition :

80 p. 100 sparte;
20 p. 100 chiffons blancs et toile à voile.

Prix de revient : 49 à 51 fr. les 100 kilogr.

Ces dernières variétés de papier sont propres aux impressions communes ou destinées à l'usage des confiseurs ; il suffit de voir les prix de M. Bounevialle écrits sur ses échantillons pour souhaiter la prospérité d'une industrie non moins utile à l'Algérie qu'au commerce de la métropole et même à l'exportation. Nous ignorons dans quelles proportions est monté son établissement ; il ne sera jamais assez grand s'il tient ce qu'il promet (1).

II

LES LANDES.

Les Landes offrent à l'étude un sujet tellement complexe que, malgré les nombreux écrits dont elles ont été l'objet, il semble qu'il reste encore quelque chose à dire. Nous n'avons point ici la prétention d'épuiser une question que nous n'avions pas la mission d'approfondir : nous voulons seulement appeler l'attention sur quelques faits qui se sont produits à l'exposition de Bordeaux, faits intéressants au point de vue de l'agriculture et de l'in-

---

(1) M. Bounevialle, nous assure-t-on, s'occupe de fonder à Toulouse une grande fabrique de papier. Le journal *l'Aigle*, de Toulouse, du vendredi 6 avril 1860, a été imprimé sur le nouveau papier fait avec les plantes textiles de l'Algérie : et ce papier a plus de force, plus de tenacité, plus de sonorité que le papier fait avec les chiffons.

dustrie dans les Landes, et de nature à faire préjuger l'avenir réservé à cette vaste contrée sous les efforts du gouvernement, admirablement secondé par le clergé et par l'administration locale.

On connaît l'initiative généreuse prise par le gouvernement en faveur d'un pays trop longtemps abandonné ; nous aurons bien souvent l'occasion de rappeler les utiles mesures qui lui sont dues. Le clergé, sous l'impulsion de S. Ém. Mgr le cardinal archevêque de Bordeaux, s'est attaché à servir autant qu'il a pu la pensée gouvernementale ; quant aux administrations départementales, soit des Landes, soit de la Gironde, on sait aussi avec quelle ardeur les préfets, fidèles interprètes des vues de l'Empereur, ont rivalisé de zèle pour faire appliquer les mesures prises par le souverain, avec quelle intelligente activité ils ont eux-mêmes, dans la mesure du pouvoir laissé à leur libre arbitre et à leur appréciation personnelle, poursuivi le but assigné à leur attention toute spéciale, et quelle aide ils ont reçue tant des conseils généraux que des conseils d'arrondissement, des conseils municipaux et des ingénieurs des ponts et chaussées.

Le vaste territoire connu sous le nom de Landes, situé au sud de la Garonne, est compris dans deux départements, le département des Landes et le département de la Gironde. Dans le premier sont les landes dites de Gascogne, dans l'autre, les landes du Médoc. La superficie complète de ces déserts presque entièrement incultes est de 635,594 hectares, sur lesquels 208,326 hectares appartiennent à des particuliers qui les exploitent avec plus ou moins d'intelligence et ont intérêt à les améliorer ; 427,268 hectares sont des biens communaux, négligés comme le sont presque toujours les biens communaux, et dont l'État cherche, par les mesures les plus énergiques et les plus bienfaisantes, à augmenter la plus-value. Sur ces 427,268 hect. de landes communales, 275,000 hect. font partie du département des Landes, et 152,268 du département de la Gironde.

Les landes du Médoc sont infiniment moins connues que les landes de Gascogne; sur celles-ci, mille circonstances particulières ont attiré l'attention publique : leur étendue, un peu plus grande, le nom même du département où elles se trouvent, et surtout les grandes entreprises de défrichement qui y ont été introduites par l'Empereur et par quelques riches propriétaires. Mais les landes de la Gironde ont les mêmes besoins, présentent les mêmes dangers pour la santé des habitants, et par conséquent n'offrent pas moins d'intérêt à l'étude : c'est sur ces dernières que se porteront particulièrement nos recherches.

Les landes du département de la Gironde s'étendent sur quatre-vingt-trois communes, lesquelles appartiennent à trois versants bien distincts : l'un, qui est le plus étendu et surtout le plus large, jette ses eaux dans la Garonne et la Gironde; le second les jette dans la Leyre, et le troisième, qui ne comprend que onze communes, les déverse dans les étangs du littoral.

Le peuple naïf habitant de ces vastes solitudes qui semblent jetées comme une barrière entre l'Océan et la civilisation, a été jusqu'ici trop misérable pour qu'on ait pu lui demander des idées bien généreuses. La famille et la patrie ont longtemps suffi à un égoïsme qui n'était pas cependant dépourvu de toute grandeur. Le but auquel il a fallu viser a donc été d'apporter l'aisance à ces contrées si déshéritées, et de donner à des communes qui attendaient tout de l'État les revenus nécessaires pour suffire à leurs besoins.

Un moyen salutaire s'est présenté d'obtenir ce résultat. A l'indivision des propriétés communales était jointe l'absence inévitable de toute culture : on a dû viser à substituer à la jouissance commune la propriété individuelle. En effet, comme le disait avec une grande justesse de vues, dès le mois de mai 1854, une circulaire du préfet de la Gironde (1), une propriété commune n'est malheureusement l'objet d'aucun soin ; on en abuse, de peur qu'un autre n'en use ; on ne songe pas à faire produire, de peur qu'un autre ne récolte. De là cette conclusion que l'intérêt bien entendu des communes, d'accord avec l'intérêt général du pays, qui doit être d'augmenter le plus possible la production du sol, commande donc de faire cesser le plus tôt possible l'indivision des propriétés communales, en amenant les communes à aliéner les landes qui leur appartiennent, moins une partie nécessaire aux besoins du pâturage.

Les sages conseils du nouveau magistrat qui entrait si résolûment dans cette voie furent suivis dans une certaine mesure. Deux ans après, en effet, et avant même que n'eût été rendue la loi qui devait régénérer les Landes, 11,000 hectares de landes avaient été déjà vendus par les communes ; le prix de l'hectare s'élevait de 30 francs à 90 francs ; une partie du million ainsi obtenu permettait des travaux dont l'énumération seule prouve la haute importance :

Constructions ou réparations d'églises au nombre de . . 15
Constructions ou réparations de presbytères. 11
Constructions de mairies et de justices de paix. 10
Constructions de maisons d'école. 15

(1) *Recueil des actes administratifs du département de la Gironde,* année 1854, n° 31, p. 220.

Établissement ou réparations de cimetières. 12
Constructions de ponts et de canaux. 14
Ouvertures de chemins. 8

Enfin, dix communes avaient acheté des rentes sur l'État, neuf avaient payé leurs dettes, et d'autres avaient pu créer des bureaux de bienfaisance en fournissant des fonds de dotation.

Deux ans encore après, quarante-deux communes sur quatre-vingt trois avaient suivi la même impulsion ; 18,000 hectares de landes étaient vendus au prix moyen de 100 fr. l'hectare.

L'aliénation des landes avait été jusqu'en 1857 le seul moyen laissé aux préfets pour obtenir du sol une production plus abondante, mais que de temps il aurait fallu pour améliorer ainsi toutes les contrées landaises !

C'est alors que l'Empereur, qui connaissait cet état de choses, fit intervenir sa puissante volonté pour régénérer ce malheureux pays. Une loi fut rendue qui, tout en mettant un terme à la stérilité des landes et en ménageant les besoins du parcours et de la dépaissance, laissait cependant aux communes la propriété du sol, à moins qu'elles ne trouvassent la vente plus favorable à leurs intérêts. L'Empereur alla plus loin, il voulut même, pour ainsi dire, payer de sa personne. Un vaste domaine acheté en son nom fit, sous les yeux des propriétaires voisins, des expériences de toutes sortes, et *le Moniteur* en publiait tout récemment les utiles résultats dans un rapport savant et pratique dont l'Empereur ordonnait lui-même l'insertion.

Qu'il se soit agi d'aliéner les landes ou d'en obtenir la mise en valeur par des ensemencements ou des plantations, à côté de l'autorité politique et administrative, nous voyons l'action vivifiante de l'autorité religieuse s'appliquer avec la plus louable ardeur à la régénération du pays. Les lettres et les discours de S. Ém. Mgr le cardinal-archevêque de Bordeaux en fournissent mille preuves. Son Éminence se plaît à rappeler les religieux qui ont défriché les landes de Saint-Ferme, de Guîtres, de Pondourat, du Carbon-Blanc, de Faize, de Magrine, de Benon, de Saint-Georges et de Montagne ; invoquant ces souvenirs vénérés, il demande aux communes de bâtir des églises, et, à sa voix, les terrains communaux se vendent et les églises se bâtissent, comme à la voix du préfet les routes s'exécutent, et se construisent les mairies et les maisons d'école.

S'agit-il d'obtenir des plantations destinées à la fois à donner de la valeur au sol et à appeler des habitants pour des exploitations nouvelles, le vénérable prélat prend encore la parole. C'est avec des accents émus qu'il parle des arbres, cette aristocratie des champs, et quiconque a passé à la campagne ses premières années partagera l'émotion qui l'attendrit au souvenir des hêtres et des sapins séculaires qui frappèrent ses yeux dès son entrée dans la vie. Jamais, au point de vue humain, Mgr l'archevêque de Bordeaux n'a été mieux inspiré qu'en parlant des forêts et des vieux arbres, jamais son éloquence n'a été plus pénétrante, plus persuasive que dans son admirable lettre à M. Petit-Lafitte. Les questions pratiques ne l'effrayent pas, et, dans cet écrit rendu public, il parle au pays avec toute l'autorité de la raison et de l'expérience comme il a parlé avec toute l'émotion du cœur. Après avoir constaté la diminution du nombre et de l'étendue des forêts qui a amené la diminution des étangs et des prés, Mgr le cardinal Donnet ajoute :

« Ces vérités, monsieur, incontestables partout, acquièrent encore, dans le midi de la France, dans le pays que nous habitons, un nouveaux degré de certitude. Là, en effet, l'expérience et l'observation l'ont prouvé depuis longtemps, les herbages réussissent peu ; leur produit est très-casuel, très-variable... » Mais « ce qui permet à cette contrée de se livrer à l'éducation des bestiaux qui lui sont indispensables, ce sont les prairies naturelles, ce sont les prés ; or les prés ont besoin d'humidité pour la formation et l'élaboration de leurs produits, condition essentielle qui leur est principalement assurée par les bois, par ces grandes masses de verdure qui arrêtent les nuages, les forcent à se réduire en pluie, et mettent obstacle, dans l'intérêt de la terre et de sa fécondité, à une évaporation trop considérable et trop prompte de l'eau résultant de ces mêmes pluies. Les prés ont également besoin d'abri dans une contrée où les vents sont si fréquents et doués d'une propriété desséchante extrêmement développée. Les bois sont ses abris les plus naturels, les plus complets, les plus avantageux. »

De cet accord de toutes les puissances d'un pays pour en ranimer une partie éteinte, peut-il se faire qu'il ne se produise les résultats les plus avantageux? On ne peut en douter : l'heure est venue de la régénération des Landes.

Outre l'aisance qui doit résulter pour les communes de l'aliénation de leurs propriétés incultes ou de la mise en culture de celles qu'elles conservent, le gouvernement a dû chercher à obtenir aussi l'assainissement d'un pays décimé chaque année par des fièvres et des maladies effrayantes.

Il est trois sortes de mesures qui témoignent du zèle éclairé et de la volonté ferme dont l'administration poursuit ce but : des routes agricoles sont tracées ; des puits sont creusés, où les eaux deviennent potables, dégagées des principes délétères qu'elles contiennent ; enfin des dessèchements s'opèrent dans de vastes proportions.

Les routes agricoles ouvertes ou à ouvrir dans les landes du seul département de la Gironde sont au nombre de dix ; commencées il y a un an, elle seront toutes achevées dans quatre ans (1). C'est la compagnie des chemins de fer du Midi qui en est chargée, en vertu d'un traité passé avec l'État, mais les travaux sont placés sous le contrôle de l'administration. Jointes aux cinq routes départementales achevées dans la campagne de 1859, et aux dix chemins de grande communication qui, achevés dans la proportion des trois quarts, se poursuivent avec la plus grande activité, ces routes agricoles couvrent les Landes d'un réseau qui n'a pas seulement pour objet de faciliter les communications. Qu'arrive-t-il en effet dès qu'une route est ouverte ? A tous les embranchements et de distance en distance sont bien vite construits des cabarets. Le cabaret réclame un jardin, conquête bien limitée, mais déjà précieuse sur la terre inculte ; les enfants grandissent, se partagent le petit domaine et ne manquent pas de l'agrandir. Le cabaret est devenu le centre d'un hameau qui ne manquera pas de se grossir par des agglomérations plus ou moins lentes. C'est une question de temps, mais une question dont la solution est presque toujours certaine.

La qualité de l'eau laisse beaucoup à désirer dans les

(1) La première de ces routes agricoles terminées dans la Gironde est celle qui, longeant la rive nord du bassin d'Arcachon, relie Arès à Facture, station de la ligne de Bordeaux à Arcachon et à Bayonne.

Landes. On sait quelle est l'influence de la qualité de l'eau sur la santé des habitants; il y aurait moins de fièvres dans les Landes, moins de goîtres dans la Maurienne si l'eau était assainie. Pour remédier aux dangers d'une eau malsaine, des crédits ont été demandés par le préfet de la Gironde à l'État et au département. Au moyen des ressources mises à la disposition de ce haut fonctionnaire, vingt et un puits d'eau potable ont été creusés, disposés de manière que l'eau n'y arrive qu'après avoir traversé la couche supérieure de sable et une couche de gravier argileux et de pierrailles qui, la dépouillant des matières organiques qu'elle contient, en font une boisson pure, saine, excellente.

Enfin je dirai un mot des utiles desséchements entrepris dans le même département de la Gironde ; personne n'ignore ce qui a été fait dans le département des Landes.

Dans la Gironde, l'administration s'est vivement préoccupée du desséchement des marais de Rivière, de Blanquefort et des Padouens, de Ludon, de Castelnau, de Lesparre et surtout des marais du littoral. Réclamé depuis longtemps dans l'intérêt des malheureuses populations aujourd'hui décimées par les épidémies paludéennes, le desséchement des marais du littoral, qui doit rendre à la culture une vaste étendue de terrain resté jusqu'à présent improductive, va enfin être mise à exécution (1). Le

---

(1) Le 17 avril 1860, a eu lieu l'inauguration solennelle des grands travaux de desséchement des marais du littoral. M. de Mentque, préfet de la Gironde, dont l'initiative intelligente et le zèle ont le le mérite de ce magnifique projet, prononça à cette occasion solennelle un remarquable discours : après avoir rappelé la situation des lieux et des choses, le mal auquel il fallait remédier, et les moyens proposés dans ce but, l'éminent administrateur indique les décisions prises; il annonce les résultats considérables qui seront obtenus, c'est-à-dire la mise en valeur d'un immense territoire

23 juillet dernier a été signé par l'Empereur le décret portant concession de ce desséchement à MM. Clerc et Tessier, pour la partie comprise entre l'extrémité nord de l'étang d'Hourtins à l'extrémité sud de l'étang de Langouarde, sur le versant du bassin d'Arcachon. Les terrains présumés devoir profiter de ce desséchement partiel, qui forme environ les deux tiers de l'ensemble des desséchements proposés, s'étendent sur une superficie qui n'a pas moins de 7,418 hectares. Un second projet a pour but le desséchement des marais compris entre l'étang d'Hourtins (nord) et la Gironde. Ces travaux auront pour résultat d'assainir et de dessécher des terrains dont la contenance présumée s'étend sur une superficie de 4,364 hectares. Ce second projet, avec celui dont nous venons de parler, doit compléter l'assainissement et la fertilisation de 11,782 hectares, et, grâce à une habile combinaison administrative, sans frais pour l'État, avec une contribution peu considérable de la part du département. Ce travail, dit M. de Mentque, est un des plus importants et des plus productifs qui pouvaient s'opérer dans la Gironde ; c'est aussi un de ceux qui feront le plus d'honneur à son active administration.

Les considérations qui précèdent ont pour effet, nous l'espérons, de montrer au lecteur combien d'éléments de prospérité tendent à se développer dans les Landes et par quelle suite de mesures utilement combinées ces vastes contrées se préparent pour l'industrie agricole et manufacturière. Dire ce qui est fait déjà dans des pro-

complétement stérile et l'assainissement d'un pays décimé par les fièvres paludéennes, et ces résultats seront toujours considérés comme l'un de ses plus nobles titres à la reconnaissance du pays. (Voyez les intéressants détails de la fête d'inauguration, et le discours de M. le préfet dans le *Moniteur universel* du 24 avril 1860.)

portions plus ou moins humbles, c'est indiquer ce qui peut se faire dans de plus vastes proportions. Telle des industries dont nous parlerons est loin d'être aussi grandement montée que telle autre dont nous n'avons pu rien dire dans notre revue générale de l'exposition de Bordeaux; on voudra bien se rappeler que tel s'éclipse au premier rang qui cependant peut briller au second, et surtout que nous avons en vue de signaler les éléments industriels qu'il sera facile de mettre en œuvre quand les routes ouvertes auront rendu l'exploitation facile, et que les ouvriers n'auront plus à craindre les épidémies paludéennes.

Les principales industries des Landes sont :

Dans l'ordre minéral, l'industrie des fontes, la fabrication des briques et des tuyaux de drainage;

Dans l'ordre animal, l'élève des sangsues, la production de la laine;

Enfin, dans l'ordre végétal, la culture des différentes essences d'arbres, le pin, le chêne-liége et de la vigne même, la récolte de la résine, enfin la culture du riz et du tabac.

Toutes ces industries sont en pleine activité dans les landes soit de la Gascogne, soit du Médoc; il ne s'agit donc pas de les y introduire, mais de les y développer et de les perfectionner.

Je parlerai d'abord des fontes.

Le voyageur qui va de Bordeaux à Bayonne trouve, à 60 kilomètres environ de Bordeaux, la station de **Salles**, petite ville qui ne compte pas moins de 4,000 habitants. C'est le paradis des landes, comme on le désigne dans le pays. On y voit de belles eaux, des prairies fertiles, d'abondants dépôts de faluns, du minerai de fer, des calcaires grossiers, et une vaste forêt de pins remarquablement exploitée, dit un touriste exact dans ses descriptions, M. Adolphe Joanne. Salles est le dernier village du département de la Gironde. Ichoux, qui vient ensuite, est dans le département des Landes, et situé sur les bords d'un ruisseau, la Moulasse. C'est là que des industriels entreprenants ont eu l'idée d'établir de vastes usines pour l'exploitation du minerai de fer qui se rencontre aux environs. MM. Espéron frères, Lagrèze et Séjal, maîtres de forges à Ichoux, ont envoyé à l'exposition des fontes brutes et moulées, des fers bruts et des fers laminés et martelés. Leurs produits ont été fort appréciés; ils les tirent des minerais du Périgord et de l'Espagne, auxquels ils mêlent avantageusement ceux des Landes. Ce sont les Landes aussi qui leur fournissent les charbons de bois, matière encombrante, d'un transport difficile, et qu'il est urgent de pouvoir se procurer sans grands frais dans les hauts fourneaux pour obtenir des qualités de fer supérieures.

MM. Lagrèze et Séjal, dont nous venons de parler, associés avec MM. Espéron pour la production des fontes à Ichoux et à Pontens, sont associés avec M. Rossignol pour la fabrication des poteries et autres ustensiles de ménage en fonte de fer; leur usine, qui fournit d'excellents produits, est située à Pissos, petit chef-lieu de canton, sur la rive gauche de la Leyre, et aussi à proximité du chemin de fer.

Des briques et des drains se fabriquent en grand à Soussans, chez M. Galup; à Cestas, chez M. Lapierre; les briques ont leur emploi très-assuré dans un pays où la pierre manque aux constructions. Les voyageurs qui suivent la ligne de fer de Bordeaux à Bayonne ont pu voir, à toutes les stations du chemin, l'élégant usage qui s'en peut faire. Quant aux tuyaux destinés au drainage, c'est moins aux Landes qu'ils sont destinés qu'aux contrées voisines, où ils ont un débouché nécessaire. A côté des briques et des drains, nous nous attendions à voir de nombreux échantillons de poteries fabriquées dans les Landes; notre attente a été trompée. Il y a là peut-être, pour les industriels, une lacune à combler.

Le nombre des bassins à sangsues établis dans les marais des bords de la Garonne tend à décroître, tandis qu'il s'accroît, au contraire, dans les Landes, où la sangsue présente des qualités préférables pour le commerce. Au 1er avril 1857, les marais à sangsues existaient dans soixante-dix communes du département de la Gironde ; on y comptait 359 bassins, occupant ensemble une superficie de 1,408 hectares, et le nombre des chevaux, ânes ou vaches qui servaient à l'alimentation des sangsues, était de 3,295. On comprend qu'une industrie aussi importante soit l'objet d'une surveillance particulière; une police spéciale a été réglée à cet égard par une instruction ministérielle en date du 25 mai 1855 et par un arrêté préfectoral du 2 août 1855. — Un seul exposant, M. Duvigneau, a envoyé des sangsues grises, d'une espèce particulière aux Landes, et tirées des bassins d'Audenge.

Le même exposant a envoyé des cocons de ses magnaneries. Y a-t-il lieu d'encourager dans les landes de la Gascogne ou du Médoc cette industrie qui ne semble pas jusqu'ici avoir obtenu des résultats analogues à ceux qu'on obtient en Provence? Cette question est assez épineuse; mais il ne semble pas impossible d'arriver à rencontrer une espèce particulière de vers à soie d'une nature assez robuste pour pouvoir supporter sans danger les brusques changements de température si funestes aux espèces ordinaires. Jusque-là la plus grande prudence est commandée aux industriels de la région du sud-ouest dont les Landes occupent une si grande partie.

La production de la laine est loin de présenter les mêmes risques. De très-bonnes races de moutons ont été acclimatées dans les Landes, sans parler des espèces du pays dont les laines ont un ample débouché dans les fabriques de Mont-de-Marsan, de Saint-Jean-Pied-de-Port, de Carcassonne, de Toulouse, etc., etc. Les espèces du pays, très-robustes et résistant très-bien, malgré un manque presque absolu de soins, ne demandent pour se régénérer qu'un bon système de dépaissance. Au lieu de supprimer ce qui est, qu'on le réglemente; que les moutons soient parqués et nourris au besoin artificiellement : les propriétaires ne pourront qu'y gagner. A l'exposition de Bordeaux, nous avons vu de magnifiques échantillons de laines en suint exposées par M. Chabot de Lussay, qui élève, autour du château de Meric, à Jau, de très-beaux troupeaux de mérinos croisés Leicester.

Le principal revenu des Landes, nous l'avons à peine nommé encore, mais qui ne le connaît? C'est le pin et les divers produits qui se tirent de son exploitation, la résine et la colophane, le brai et le goudron.

Par un bienfait spécial de la Providence, qui place toujours le remède à côté du mal, le pin se prête admirablement à la culture dans un pays où la terre est si peu propre à recevoir les nombreuses essences d'arbres qui poussent dans presque toutes les autres contrées de la France. Or le pin donne, presque à toutes les périodes de sa croissance, des revenus assurés : jeune, il fournit des échalas; plus âgé, des bois de chauffage ou de construction; à trente ou trente-cinq ans, dans la plaine, à vingt-six ans, sur les dunes, un bois de pins peut être exploité par les résiniers. Ce n'est pas le lieu de décrire ici les intéressantes opérations auxquelles donne lieu l'exploitation de la résine qui découle des pins : elles sont décrites avec une très-grande exactitude et d'une manière très-pittoresque dans un des *Guides* de M. Ad. Joanne (1). Mais nous pouvons dire que jamais la précieuse récolte ne s'est faite avec plus de soin et d'une manière plus intelligente que dans ces dernières années. Deux exposants, M. Arnaudin, de la commune de Labouheyre, et M. Javal, grand propriétaire à Arès, ont présenté des produits de ce genre.

M. Javal, membre du conseil général de la Gironde pour le canton d'Audenge, et en même temps député du département de l'Yonne, a mis au service du petit village d'Arès sa puissante activité, son immense fortune et sa haute position. Non content des efforts qu'il fait en vue d'assurer la prospérité de ce village où il prêche d'exemple pour répandre les meilleurs modes d'exploitations industrielles et agricoles dans ce pauvre pays, il veut y attirer les étrangers et en faire une ville de bains comme Arcachon ; il veut que le port d'Arès, placé à l'extrémité du bassin d'Arcachon, ressente enfin les effets de l'heureuse transformation qui s'opère ailleurs sur ses bords. Le plan d'une ville est tracé ; une maison-modèle est construite ; viennent quelques années de vogue, et la fortune arrivera pour ces braves marins qui, tandis que les échos leur apportent le bruit des fêtes voisines, n'entendent encore du fond de leurs retraites que les bruits lointains de l'Océan. Mais en attendant cet âge d'or, M. Javal s'attache à en préparer la venue par ses propres efforts : les énormes gâteaux de résine qu'il a exposés, remarqués par l'Empereur au moment de sa visite

---

(1) *Itinéraire de Bordeaux à Bayonne*, p. 18-20.

à l'exposition, sont très-beaux et supposent une exploitation des mieux entendues et des mieux dirigées (1).

M. Alexandre Léon n'a pas seulement exposé les produits de son vaste domaine de Labouheyre, mais aussi les plus beaux produits récoltés dans cette commune, dont les propriétaires se sont ralliés autour de lui pour faire connaître (hors concours) tous les genres d'exploitations rurales groupées autour de cette petite ville.

Nous ne voulons pas insister ici plus longuement sur les services rendus dans les Landes par M. Léon : nous avons dit ailleurs ceux qu'il a rendus à l'exposition de Bordeaux, dirigée et présidée par lui. Nous nous bornerons à énumérer les nombreux produits qu'il a pu exposer et qui montrent les ressources offertes à une culture intelligente par les terrains les plus dépréciés.

(1) L'ancienne terre d'Arès, dont on connaît les seigneurs depuis Jean de Durfort en 1506, resta improductive, malgré l'intérêt des possesseurs, jusqu'à son propriétaire actuel, M. Léop. Javal. Des essais de culture furent bien tentés en 1825 par M. de Sauvage, neveu de M. le duc Decazes, mais sans succès.

Aujourd'hui enfin le vaste domaine d'Arès, qui ne contient pas moins de 2,845 hectares et borde la rive nord du bassin d'Arcachon sur une étendue de 8 kilomètres, est entièrement mis en valeur, grâce aux efforts opiniâtres et bien dirigés de M. Javal. Sur cette immense étendue, 2.500 hectares sont plantés ou ensemencés de pins maritimes, dont les produits donnent un revenu approximatif de 50 à 60 cent. par arbre, soit 100 à 120 fr. par hectare; des arbres de toutes essences, épars sur la propriété, n'occupent pas moins de 25 hectares ; 20 hectares ont été convertis en réservoirs à poissons de mer, endigués et alimentés par le flux ; enfin 100 hectares environ sont cultivés en céréales ou en prairies naturelles ou artificielles, fait considérable dans les Landes.

Tous ces produits s'écoulent soit par la première route agricole ou verte dans la Gironde, et qui va d'Arès à Facture (21 kil.), sur la ligne de Bordeaux à Arcachon et à Bayonne ;—soit par le petit port maritime d'Arès pour lequel d'importantes améliorations sont projetées.

Les charbons de bois de Labouheyre ont été fort remarqués. Certains échatinllons atteignaient la grosseur de beaux blocs de charbon de terre.

Bien que le pin maritime et le chêne-liége soient les arbres dont la culture doit être le plus encouragée dans les Landes, on a pu voir aussi à l'exposition particulière de Labouheyre plus de quarante essences d'arbres, semés ou plantés depuis quelques années dans le système si intelligent appliqué depuis quarante ans par M. Ivoy. Ce vénérable vieillard, dont le grand âge n'affaiblit point la passion pour les Landes, double la terre végétale au moyen de larges fossés alternés d'à-dos, sur lesquels se font les plantations. En donnant, il y a un an, la croix d'officier de la Légion d'honneur à M. Ivoy, l'Empereur a dignement récompensé la véritable reconstitution des forêts des Landes.

La même commune de Labouheyre a exposé aussi de la cire, du miel excellent, des laines de belle qualité, des pommes de terre de plusieurs variétés, des ignames, des seigles de diverses espèces, du sarrasin ou blé noir, etc.; ajoutons enfin le brai et le goudron, la résine et la colophane. De ces derniers produits nous ayons vu de magnifiques plaques portant le nom de M. Arnaudin, propriétaire à Labouheyre.

S'il est étonnant de voir dans une seule commune, je dirais presque sur une seule propriété, recueillir des produits aussi nombreux, il n'est pas moins intéressant de voir les efforts de l'homme appliqués à un autre objet, produire des miracles du même genre dans des terrains réputés improductifs entre tous : je veux parler des vignes plantées sur les dunes de Cap-Breton, en un point qui fut autrefois, et à plusieurs reprises, l'embouchure de l'Adour.

M. Lafontan, maire de Cap-Breton, a eu l'heureuse idée d'envoyer à l'exposition des vins de sables de plusieurs propriétaires. Du vin, des sables : deux mots peuvent-ils sembler former une plus étrange mésalliance? Et cependant les vignes de Cap-Breton, cultivées sur des dunes, sont citées déjà dans certaines chartes de 1461, puis de 1584, et il fut constaté, en 1609, qu'elles avaient donné jusqu'à dix-sept cents barriques de vin, soit 38,760 hectolitres.

M. Petit-Laffitte, professeur distingué d'agriculture à Bordeaux, dans une notice particulière sur les vignes de Cap-Breton, décrit ainsi l'aspect étrange qu'offrent ces vignes :

« Qu'on se figure, dit-il, ces masses de sable aux ondulations gracieuses, aux croupes arrondies et de moins en moins saillantes, recouvrant successivement la plage qui devrait conduire à la mer, dont on entend au loin le roulement incessant; qu'on se figure sur ces surfaces blanches qu'embrasse l'œil comme un vaste horizon des carrés symétriquement dessinés par des clôtures noires, et, au milieu de ces carrés, des lignes vertes et parallèles dans le sens de la pente, et l'on aura l'idée de l'aspect qu'offrent les vignes de Cap-Breton dans leur ensemble. Et maintenant, si l'on approche davantage, si l'on pénètre dans ces vignes mêmes, en enjambant les étroits passages ménagés à cet effet; si l'on veut connaître d'une manière précise la situation et la nature du sol, voici ce que l'on apprend. La terre que l'on a vue de loin blanchir et scintiller sous l'action des rayons solaires n'est autre que l'accumulation de ces sables presque entièrement composés de petits sphéroïdes de quartz hyalin, d'une excessive mobilité, trop légers pour résister aux vents, mais pas assez pour être dissipés comme la poussière. »

Quant à la culture des vignes dans ces lieux qui seraient si stériles, s'ils n'étaient fertilisés par l'art intelligent des vignerons, fidèles à l'industrie et aux traditions locales, voici en quels termes en parle le célèbre botaniste de Candolle dans son *Voyage botanique et agronomique dans les départements du Sud-Ouest :*

« Les vignes de Cap-Breton, dit-il, et de quelques autres villages des Landes, produisent du vin de bonne qualité et croissent dans du sable absolument mobile. Les ceps sont enterrés dans le sable; les grappes sont couchées à la surface de ce sable qui, réchauffé par le soleil, les mûrit avec rapidité. Lorsque le vallon où ces vignes sont plantées commence à s'emplir de sable par l'effet du vent, on enlève les ceps, on les transporte dans un autre vallon mieux disposé. Cette transplantation des vignes y est tellement familière que, dans l'ancienne coutume du pays, les vignes étaient regardées comme propriété mobilière, exemple, je crois, unique dans l'histoire des lois rurales. »

Si les dunes ont été utilisées, les marais eux-mêmes ont été forcés à produire, et ce n'est pas seulement les sangsues qu'on y élève, c'est maintenant le riz même qu'on y cultive.

La culture du riz dans les environs de La Teste, disait, en 1854, le rapport sur l'avant-dernière exposition de Bordeaux, est une conquête nouvelle et inespérée pour cette contrée, qu'elle est destinée à enrichir. On était disposé à croire que, sous le climat de ce pays, le riz ne pourrait venir à bien; qu'il lui fallait une température plus élevée et d'une plus longue et plus constante durée que celle qui y règne habituellement; on craignait les pluies hâtives et froides qui auraient empêché cette précieuse graminée d'arriver à maturité ; mais l'expérience a été faite et répétée plusieurs fois avec succès, même dans des conditions peu favorables.

La culture du riz fut introduite dans les Landes en 1848 par M. Féry ; vers la fin de 1850, 70 hectares environ étaient déjà cultivés ; en 1853, sous la direction du même agriculteur distingué, la culture du riz s'étendait à 215 hectares et la production s'élevait à 5,392 hectolitres. M. Verdié, qui a succédé à M. Féry dans cette exploitation, a envoyé de très-beaux échantillons : en les voyant, et en se rappelant la splendeur si vite effacée des rizières, on regrette vivement les circonstances qui empêchent la culture du riz de reprendre son rang parmi les grandes ressources agricoles de la Gironde.

A ses échantillons de riz, M. Verdié a joint de très-beaux spécimens de tabac des récoltes de 1858 et 1859.

Le tabac forme aussi une des grandes cultures de la Gironde. Autorisée par décret impérial dans ce département à la fin de l'année 1854, la culture du tabac a pris tout le développement que lui laissent les limites dans lesquelles elle est restreinte. Il nous a paru intéressant, au point de vue de la statistique, de suivre les progrès de cette culture depuis l'époque où elle a été autorisée.

Une décision ministérielle du 2 décembre 1854 fixait l'étendue des plantations autorisées par le décret impérial du 17 novembre précédent à 200 hectares, non compris le cinquième en sus autorisé par la loi. Au mois d'août suivant, 63 hectares 93 ares avaient été plantés par 108 propriétaires ; cette étendue était divisée en 133 pièces de terre, situées sur le territoire de 34 communes, et la régie portait à 1,611,515 le nombre des pieds récoltés, donnant un chiffre de 49,629 kilogr., répartis ainsi qu'il suit dans le classement officiel :

	kilog.	les 100 kilog.	
Surchoix	10,466 à	140 fr.;	soit 14,652 fr. 40
1re qualité	10,930 à	130 fr.;	soit 14,209 fr. »
2e qualité	11,227 à	100 fr.;	soit 11,227 fr. »
3e qualité	9,566 à	70 fr.;	soit 6,696 fr. 20
Non marchand	7,440 à	40 fr. 30;	soit 2,998 fr. 60

De ces données, il résulte que l'administration avait payé en moyenne les tabacs de la Gironde 100 fr. 51 c. pour 100 kilogr., et ce prix est supérieur à celui qu'obtiennent habituellement les planteurs, dans les contrées mêmes où la culture, organisée depuis longtemps, n'est plus exposée aux mécomptes inséparables d'un essai; enfin, la nouvelle culture, malgré les circonstances défavorables où elle s'est trouvée placée, a donné un produit brut de 778 fr. 64 c. par hectare.

En 1856, la culture ne prit aucune extension : les chiffres même diminuèrent toutefois dans une faible proportion; il semblait que chacun voulût laisser à ses voisins le risque des expériences. Ces expériences furent faites en effet par des agriculteurs résolus et dévoués aux intérêts du pays, M. Richier, au château de Ludon, MM. Hovy, Lille, Cayrel, Festugière et Marcotte, nominativement signalés dans le rapport du préfet au conseil général.

En 1857, il s'était présenté 345 déclarants pour 150 hectares; cette même année, il avait été livré à l'administration 102,875 kilogr. de tabac, qui ont produit aux planteurs 113,877 fr., représentant une moyenne de 825 fr. par hectare.

En 1858, le contingent assigné au département de la

Gironde est porté à 600 hectares; le rendement par hectare s'élève à 980 kilogr.; le revenu, pour les planteurs, est porté au chiffre d'environ 1,000 fr. par hectare.

Les terres légères et sablonneuses des Landes sont en général favorables à la culture du tabac; l'introduction de cette culture dans la Gironde a été un bienfait dont le département est redevable à l'Empereur, et rien ne prouve mieux combien ce bienfait est apprécié que l'extension donnée à ce genre de culture par les planteurs qui se montrent de plus en plus empressés à l'adopter et à le répandre.

A ce long exposé de l'état industriel et agricole d'un pays si longtemps dépourvu de toute industrie et de toute exploitation rurale, il nous est difficile de ne pas ajouter quelques paroles encore pour remercier les hommes dévoués à ces pauvres contrées des Landes, et qui en ont été les bienfaiteurs. La reconnaissance publique ne saurait oublier les généreux frères Desbiay qui, en 1752, fixèrent la dune de la Broque; l'un d'eux, le 25 août 1774, lut en séance publique de l'académie de Bordeaux le fameux mémoire dans lequel il faisait connaître les moyens employés pour cette ingénieuse entreprise (1); à leur nom trop ignoré s'associera le nom glorieux de l'ingénieur Bremontier qui, en 1786, perfectionna et appliqua en grand le procédé des frères Desbiay. Puis viendra, dans la reconnaissance des Landais, se placer le souvenir du baron d'Haussez, dont l'œuvre a été reprise avec plus d'énergie et de grandeur par M. Cornuau dans les Landes, et M. de Mentque dans la Gironde; le baron d'Haussez comprit le premier et le

---

(1) Auguste Petit-Lafitte, *Notice sur les vignes de Cap-Breton*, p. 6, d'un extrait, tiré à part, des *Annales de la Société d'agriculture de la Gironde*, 3ᵉ et 4ᵉ trimestre, 1857.

premier chercha à étendre les avantages de la vente par les communes de propriétés stériles, inertes, sans revenu, Enfin les Landes n'oublieront pas les noms de M. Yvoy, de M. Alexandre Léon et de M. Chambrelent, dont les beaux essais, souvent signalés et trop connus pour que nous y revenions ici, ont obtenu un succès complet et maintenant consacré. Dans l'ordre des dates, le moins suspect de flatterie, sinon dans l'ordre de la grandeur de résultats qu'on ne saurait méconnaître, nommons enfin l'Empereur, qui, choisissant dans la grande famille française ses enfants les plus faibles pour les mieux chérir et les entourer de plus de soins, a plus spécialement fécondé de son tout-puissant concours la Sologne et les Landes : la Sologne où ses plans venaient reprendre les plans interrompus de Léonard de Vinci; les Landes, où il agissait sans autre précédent que l'expérience jusque-là dédaignée des siècles, sans autre mobile que sa compassion pour de grandes et longues souffrances, sa volonté ferme et persévérante d'y mettre un terme pour élever un pays trop longtemps deshérité au niveau des plus prospères.

L'INDUSTRIE PARISIENNE

A L'EXPOSITION DE BORDEAUX

(INDUSTRIE MÉCANIQUE ET MANUFACTURIÈRE.)

Je viens payer une dernière dette à l'exposition générale de Bordeaux, et, dans un dernier travail retardé par plusieurs circonstances (1), appeler l'attention sur ceux de nos fabricants parisiens qui y ont le plus dignement représenté l'industrie proprement dite, — non plus l'industrie de luxe et d'art, mais l'industrie mécanique et manufacturière, non plus celle qui produit le superflu, mais celle qui pourvoit à des besoins réels et nécessaires (2).

« C'est par la puissance des agents qu'il a su mettre

---

(1) Cet article a paru seulement dans le *Moniteur universel* du 5 avril 1860.

(2) *L'industrie de luxe à Paris*, tel est le titre d'un opuscule qui contient la réimpression de nos articles sur l'industrie de luxe et d'art à Paris, telle qu'elle s'est produite à l'Exposition de Bordeaux.

en œuvre, dit M. Audiganne dans son excellent livre de l'*Industrie contemporaine* (1), que notre siècle se distingue de tous les âges antérieurs dans la tradition du travail humain. » Et, en effet, l'industrie actuelle tend chaque jour davantage à chercher dans l'homme moins la force que l'intelligence : des machines sont créées qui prennent sa place, une place indigne de lui, et il lui reste à diriger leur action. Servi par ces esclaves obéissants, l'homme revient à ces fonctions libérales que les républiques antiques lui réservaient et que, depuis l'abolition de l'esclavage, il avait dû et doit trop souvent encore, mais de moins en moins, abdiquer pour une main-d'œuvre purement matérielle et inintelligente. La machine est là, plus forte, plus rapide et moins dispendieuse. Honneur à la machine! et félicitons les ingénieurs habiles qui donnent leurs soins aux applications incessamment plus étendues de la mécanique.

Au premier rang parmi les constructeurs parisiens est depuis longues années placé M. Cail, qui, après avoir obtenu, en 1855, une grande médaille d'honneur, a regardé cependant comme un devoir — succès oblige — d'envoyer à Bordeaux, où il ne pouvait obtenir aucune récompense supérieure, plusieurs machines d'une très-grande puissance et d'une très-heureuse disposition. Nous n'insisterons pas sur la maison importante que dirige M. Cail : sa très-grande réputation est son plus grand éloge.

Comme à M. Cail, le jury de l'exposition de Bordeaux a décerné à M. de Coster un diplôme d'honneur : dans l'un il récompensait l'habile constructeur de locomobiles, de machines à vapeur et de machines-outils perfectionnées ; dans l'autre, l'industriel intelligent dont il

(1) Un vol in-8°. Paris, Capelle, p. 176.

avait apprécié à sa haute valeur une turbine pour le clairçage des sucres. M. de Coster, qui pouvait exposer aussi des machines-outils très-estimées (1), avait voulu attirer l'attention toute spéciale d'une ville de grand commerce extérieur sur la turbine nouvelle qu'il offre aux raffineurs. La turbine, on le sait, est un appareil à force centrifuge appliqué à la purgation et au clairçage des sucres. Le principal effet de la turbine étant dû à la vitesse de la rotation du tambour qui contient le sucre, il y a lieu d'examiner, indépendamment de la turbine en elle-même, l'appareil de graissage qui rend possible cette vitesse, dans

(1) Dans la liste des récompenses décernées par le jury de l'Exposition de Bordeaux, nous trouvons le nom de M. de Coster, accompagné de cette mention : « DIPLÔME D'HONNEUR : *turbine pour le clairçage des sucres et autres travaux qui lui ont valu la décoration.* »
Ces autres travaux, qui, avec la construction des divers appareils pour le sucre, et des machines à filer le lin et le chanvre, ont fait placer M. de Coster dans la 6ᵉ classe (*matériel des établissements industriels; machines diverses*) sont surtout les machines-outils. Parmi ces dernières nous citerons entre autres : — 1° l'étau-limeur, admis par toute l'industrie ; il sert à la fabrication des pièces les plus difficiles, et même, à l'aide d'un porte-outil récemment inventé par M. de Coster, au taillage des roues ; — 2° Une machine à percer : c'est à l'aide de cette machine que s'est opéré si rapidement le chevillage des batteries flottantes de Kinburn ; — 3° une machine à raboter pour toutes les dimensions, machine dont le travail est doublé par la facilité qu'on a, grâce à un porte-outil tournant, de l'obtenir en revenant comme en allant ; — 4° tour à chariot pour fileter : ce tour est muni d'un porte-outil disposé pour prendre toutes les directions possibles, et d'un guide mobile qui, suivant la marche du crochet et du burin, permet de tourner les vis des arbres et des tringles d'une grande longueur sur un très-faible diamètre ; — 5° grue à chariot roulant sur un chemin de fer pour le service des grands ateliers, magasins, entrepôts, etc., et autre grue spéciale pour le service des ports : celle-ci est roulante, tournante, et dynamométrique.

des proportions jusqu'ici inusitées. Le palier-graisseur de M. de Coster a pour principe un graissage automatique obtenu au moyen de la circulation et du retour des huiles dans l'intérieur même du palier, et celles-ci étant maintenues à l'abri de la poussière par une fermeture hermétique, il n'y a aucune déperdition de la matière lubrifiante : le palier peut marcher une année entière sans qu'il y ait à renouveler l'huile, et il en résulte à la fois économie de force motrice et économie dans l'entretien des coussinets et des arbres de couche. Aidé par cet ingénieux système de graissage continu, régulier, économique, d'une installation facile et qui a obtenu la médaille de première classe à l'Exposition universelle de 1855, M. de Coster, qui s'efforce (ce sont les termes mêmes du rapport) de faire prévaloir dans tous ses outils le principe de la grande vitesse des arbres de couche, a pu donner à sa turbine la rapidité effrayante de 1,800 et jusqu'à *deux mille tours par minute!* A ce premier mérite, la turbine de M. de Coster joint d'autres qualités : mue par un pivot qui la supporte, elle peut s'aborder et se charger facilement, sans le moindre danger, même pendant sa marche; elle s'arrête presque instantanément; les tambours qui contiennent le sucre soumis au clairçage s'enlèvent à volonté, et il en résulte pour le travail courant l'avantage de pouvoir marcher d'une manière presque continue : il suffit de tenir toujours prêts des tambours de rechange; enfin sa double enveloppe présente dans l'action toute sécurité. C'est à tous ces mérites que la turbine de M. de Coster doit l'honneur d'avoir été seule signalée dans la liste des récompenses, par le jury de l'exposition de Bordeaux, et donnée, dans le rapport sur les machines en mouvement, comme supérieure à toutes les autres pour la rapidité de la marche et de l'arrêt, la facilité du chargement et du déchargement, enfin pour sa stabilité (1).

Dans la même classe que M. de Coster figurait aussi M. G. Hermann, dont les machines, propres à broyer et à mélanger le chocolat, ont obtenu une médaille d'argent de première classe. Une récompense du même ordre, attribuée à M. Périn, signalait à l'attention ses machines-outils pour travailler le bois, et notamment cette scie à lame sans fin qui rend de si grands services à l'industrie. Les gouvernements ont si bien compris les avantages de la machine Périn, que les plus grands établissements publics de France, d'Angleterre, d'Espagne, de Russie et de Piémont en sont pourvus. Une lame de scie très-mince et très-étroite, et posée comme une courroie sur deux poulies tournant dans le même plan, permet de découper dans le bois les courbes les plus réduites et de suivre les dessins les plus compliqués avec une régularité parfaite, une très-grande rapidité et peu de chances de rupture : nous avons vu des mots entiers avec toutes les finesses les plus déliées des lettres, découpés à l'aide de ces scies dans un bloc de bois de 13 centimètres d'épaisseur, et des deux côtés le dessin présentait une égale perfection.

La machine tend à remplacer l'homme dans les travaux mêmes où l'on serait tenté de croire que sa main est le plus nécessaire. C'est ainsi que M. Duval, M. Beliard, M. Bertrand, M. Tussaud, MM. Parod et fils ont vu récompenser leurs machines à percer, à poncer les chapeaux, à sécher les dragées, à hacher.

Depuis quelques années, la couture même se fait à l'aide de machines : celle de M. Rapp, qui permet de

(1) Une simple modification, récemment apportée par M. de Coster à sa turbine, permet de l'appliquer au séchage de la fécule.

coudre des cylindres étroits; celle de M. Mayer, particulièrement appliquée à la chapellerie, ont obtenu des médailles d'argent de deuxième classe. A celle de M. Callebaut est attribuée une médaille d'argent de première classe, sans doute à cause des améliorations apportées par le fabricant à la machine Singer dont il suit le système. Ces élégants petits appareils, d'un emploi facile, qui peuvent faire toutes sortes de coutures, droites ou courbes, dans toutes sortes de matières, et dont le travail équivaut à celui de dix à douze personnes, ont pris une telle vogue, que M. Callebaut seul n'a pas vendu moins de 1,900 machines. Leur construction est vraiment une branche nouvelle et déjà importante d'industrie. En effet, les 1,900 machines dont nous avons parlé représentent 1,100,000 fr. d'affaires et ont exigé l'emploi de 160,000 kilogrammes de fonte, dont la transformation n'a pas coûté en main-d'œuvre et en frais généraux moins de 1 million à 1,600,000 francs, répartis entre cent ouvriers. Ce qui nous a frappé dans la visite que nous avons faite à l'usine de M. Callebaut, c'est, d'une part, la division bien entendue du travail, la bonne tenue de l'établissement, d'autre part un mode ingénieux de fixation des salaires : chaque ouvrier reçoit en moyenne 6 francs par jour et une certaine prime pour chaque pièce qu'il termine. Cette combinaison nous paraît des plus heureuses et garantit à la fois la bonne condition et la rapidité du travail.

Si des machines nous passons aux métaux et aux divers usages auxquels ils se prêtent, nous devons rappeler l'attention sur les tôles perforées de M. Calard, sur la fonte malléable de M. Dalifol, et sur les larges et minces feuilles d'étain préparées avec une si grande supériorité par M. Masson fils aîné, à l'aide d'un nouveau procédé de coulage sur étoffe. Les perforés de M. Calard, extrêmement variés dans leurs dispositions, sont susceptibles de très-nombreuses applications; on les emploie surtout avec avantage dans l'agriculture et la meunerie, dans la brasserie et la boulangerie; ils servent au triage des grains, au criblage des minerais, au séchage des allumettes chimiques ; maintenant même on en fait des cages et des volières élégantes, et jusqu'à des tables, des bancs, des siéges de jardin.

La fonte malléable de M. Dalifol ne s'emploie pas à des usages moins nombreux ; décarburée et ramenée à l'état de fer, cette fonte, n'étant plus cassante, se martelle à chaud et à froid et peut même se laminer à froid : les armuriers, selliers, serruriers, mécaniciens, quincaillers, emploient avec succès cette fonte, assez récemment importée en France, et qui présente à l'œil le grain de l'acier trempé dont elle a toute la dureté.

Nous avons longuement parlé ailleurs des efforts faits par la société de la Vieille-Montagne pour vulgariser les diverses et nombreuses applications du zinc. Un ingénieur distingué, M. Grados, est un des premiers qui, associé avec M. Fugère, ait estampé le zinc. Chauffé à la température de 180 à 190 degrés dans des fours de l'invention de M. Grados, ce métal prend ou reprend aussi souvent qu'il est besoin la malléabilité qu'on lui retire en le frappant : on sait, en effet, qu'un ornement devant être frappé d'autant plus de fois qu'il doit avoir plus de relief, il faut lui rendre autant que possible son état poreux primitif autant de fois que la pièce a passé sur la matrice. Le zinc estampé fournit des moulures de tout style, des rosaces de plafonds, des ornements pour toitures : clochetons, chéneaux, gargouilles, etc.; des tuyaux de descente ornés, des marquises, des bassins, etc., etc. Au même rang ou à peu près que la fabrique de M. Grados, se place celle de MM. Hardy et Michelet.

Nous n'ajouterons rien à ce que nous avons dit ailleurs de M. Barbezat et des vastes forges et fonderies du Val-d'Osne ; de M. Gandillot, et de l'importante usine où il fabrique ses tuyaux en fer étiré ; de M. Taborin, dont les limes sont si avantageusement connues dans l'industrie. Mais, avant de parler avec quelques détails des fabricants de meubles en fer, nous voulons citer encore les clôtures en fils de fer galvanisés qui ont valu à M. Thiry jeune une médaille de bronze, et les clôtures en lattes et fils de fer de M. Tricotel, qui a obtenu la même récompense.

On a remarqué à Bordeaux un appareil ingénieux, bien connu à Paris, le porte-bouteilles en fer fabriqué par M. Barbou, et que l'exiguïté de nos caves parisiennes rend presque indispensable, comme le prouve le grand débit qui s'en fait. On a remarqué aussi les meubles rustiques en fer de M. Carré et de MM. Allez frères.

MM. Allez ne fabriquent pas seulement, dans d'excellentes conditions de solidité, d'élégance et de bon marché, les chaises, bancs et fauteuils destinés à nos jardins ; tout ce qui tient à l'ornementation extérieure : vases, coupes, guéridons, etc., en fonte de fer, était représenté dans leur exposition par d'excellents modèles.

Dans cette classe s'est placée au premier rang l'importante usine dirigée aux Ternes par M. Lacroix, successeur de M. Dupont. Bien que la fabrication des siéges et autres meubles en fer soit une des branches d'industrie de cette maison, ce sont surtout les lits en fer et en fonte ornementée, les sommiers élastiques et autres objets de literie qui occupent ses nombreux ouvriers. La fabrique de M. Lacroix n'emploie pas moins, chaque année, de 200 à 250,000 kilogrammes de fer et 75 à 80,000 kilogrammes de fonte, sans parler des métaux accessoires. Aucune autre maison n'a plus de ressources pour faire soit de ces lits somptueux qui sont de véritables œuvres d'art, soit de ces lits plus simples où l'on ne recherche que la solidité, comme les lits destinés aux hôpitaux, aux casernes ou aux colléges. Son nouveau sommier élastique, d'un transport facile et d'une grande solidité, a de plus, au point de vue de l'hygiène, l'avantage d'être entièrement à jour.

Le sommier Lacroix est entièrement en fer; le sommier Tucker, exposé par M. de Laterrière, qui exploite en France le brevet de l'inventeur américain, est entièrement en bois. Lequel vaut le mieux? Nous n'avons point à faire ici une comparaison dont la vue seule, sans un long usage, ne pourrait fournir des éléments certains : ce qu'il y a de sûr, c'est que les deux systèmes sont entièrement différents : dans le sommier Lacroix, l'élasticité s'exerce en tous sens; dans le sommier Tucker, elle s'exerce dans le sens de la longueur du corps. Ce dernier sommier, qui peut se rouler en un faisceau de 15 à 18 centimètres de diamètre, est d'un transport si facile qu'il semble se prêter surtout à l'exportation, aux vaisseaux passagers, aux campements et aux ambulances : ce qui toutefois n'implique pas l'idée qu'il convient peu aux couchers ordinaires. Voici en effet quelques chiffres fort significatifs. Ce sommier étant composé de tringles en bois de sapin supportées à chaque extrémité par un ressort à boudin en fil de fer et maintenues à la distance déterminée par des lanières transversales en cuir, il entre dans la fabrication annuelle de M. de Laterrière environ 2,500 mètres carrés de cuir, 60,000 kilogr. de fils de fer, 5,000 mètres de sapin du Nord, 500,000 lattes de bois d'Amérique, et il n'est pas payé chaque année moins de 38 à 40,000 fr. de fret ou d'octroi pour ces matières. Une ingénieuse machine, dont M. de Laterrière a pris le brevet, permet de raboter le bois sur toutes les faces, quelles qu'en soient les dimensions ; enfin un découpoir mécanique, marchant à la vapeur, comme les autres machines de l'usine, et abrégeant la main-d'œuvre, permet d'abaisser d'autant le prix de ce sommier déjà si répandu.

Revenons au fer et aux autres applications qui s'en sont produites à l'exposition de Bordeaux. Les coffres-forts de MM. Haffner frères y ont obtenu, comme les meubles en fer de M. Lacroix, une médaille d'argent.

Les armes de précision de M. Devisme appartiennent à une classe différente : les nombreux échantillons qu'il a exposés lui ont valu une récompense élevée, la médaille d'argent grand module. Élève de M. Deboubert, l'un des premiers ouvriers de la manufacture d'armes de Versailles, M. Devisme a fondé, en 1834, l'établissement qu'il dirige encore aujourd'hui, et où il fabrique en si grand nombre ces mille armes de fantaisie qu'il a inventées ou perfectionnées : ses remarquables carabines, ses revolvers à balle forcée sur la tige, ses revolvers à bascule, à cartouches imperméables, pour l'usage de la marine ; ses balles explosibles et ses balles à pointes d'acier, si heureusement employées dans les grandes chasses de l'Afrique par nos tueurs de lions et nos tueurs d'éléphants ; enfin ses canons en matière d'acier, dite *étoffe d'acier corroyé*, canons si solides et d'une si grande portée. M. Devisme n'emploie pas moins de cinquante ouvriers, forgerons, tourneurs, mécaniciens et arquebusiers, qu'il dirige avec toute l'habileté d'un fabricant exercé et les connaissances pratiques d'un amateur artiste et d'un tireur consommé.

Parmi les instruments de précision exposés par les industriels de Paris, nous citerons les appareils de robinetterie et les flotteurs de M. Herdevin, les manomètres et autres appareils de sûreté de M. Cornu, et les manomètres d'un nouveau système de M. Rival; puis enfin le nouveau compteur hydraulique de M. Hallié fils, les niveaux à pendule de M. Randal-Lecornu, les mètres à ressort roidisseur de M. Barbier, et enfin les compteurs à gaz et indicateurs de pression de M. J.-C. Martin et de MM. Panis Gregory et C°, tous instruments auxquels ont été attribuées des récompenses d'un ordre plus ou moins élevé, et dont les dispositions ingénieuses font honneur à nos fabricants parisiens.

Nous ne pouvons séparer des compteurs à gaz les appareils d'éclairage au gaz de M. Hubert fils (médaille d'argent) et ceux de M. P. Gœlzer (mention honorable); les appareils d'éclairage pour phares et chemins de fer de M. Blazy-Jallifier ont obtenu la plus haute récompense de leur classe, la grande médaille d'argent.

En continuant à rechercher les exposants parisiens de la classe où figuraient les appareils destinés à l'emploi de la lumière et de l'électricité, nous trouvons MM. Gaillard frères, dont la stéarine est la seule venue de Paris qui ait été récompensée (médaille d'argent); la même distinction était accordée aux appareils de télégraphie électrique de MM. Digney frères.

Dans un ordre différent, mais pour des emplois plus familiers et un usage devenu presque général, nous mentionnerons tout particulièrement les systèmes divers de sonnerie électrique de M. l'ingénieur Prud'homme. Agent docile, interprète fidèle de la pensée, et rapide comme la pensée même, l'électricité, cette puissance la plus forte de toutes, s'est mise à nos ordres; ce n'est plus seulement à des distances immenses qu'elle agit, la voilà asservie aux usages domestiques, admise dans nos grandes administrations et dans l'intérieur même de nos familles.

L'âme de tout système de télégraphie électrique est la pile. La pile de Daniell, qu'emploie M. Prud'homme, est d'un entretien peu coûteux, d'une marche régulière, et ne présente dans sa manutention, mise à la portée du premier venu, aucun des inconvénients qu'on redoutait autrefois : la substitution des sels de mercure, et surtout des sels de plomb aux sels de cuivre, est un progrès nouveau très-appréciable. De la pile partent des fils de transmission que M. Prud'homme emploie à divers usages : sonneries, tableaux indicateurs, sonneries munies d'indicateurs et transmettant la demande et la réponse, appareils télégraphiques pour mettre en correspondance toutes les pièces d'un appartement ou tous les appartements d'une même maison, appareils de sûreté, toutes ces applications sont entrées dans le domaine des faits, et les perfectionnements incessamment apportés par M. Prud'homme, — tels ses timbres à tuyaux renforçant le son, — contribuent à répandre de plus en plus les ressources offertes par son ingénieuse et utile industrie.

Après avoir parlé des industries qui reposent sur l'emploi, la production et les applications diverses de la lumière et de l'électricité, nous avons à parler de celles qui ont pour objet l'emploi de la chaleur. Dans une même classe paraissent MM. E. Thorel et C*, MM. Bouillon, Muller et C*, MM. Charles et C*. Nous avons trop longuement parlé, dans nos articles d'ensemble sur l'exposition de Bordeaux, de ces importantes maisons pour qu'il y ait lieu d'entrer ici dans de nouveaux détails. Nous nous bornerons à rappeler que M. Thorel, successeur de M. Laury, a obtenu un diplôme d'honneur pour ses fourneaux et calorifères en fer ou en fonte; MM. Bouillon et Muller une médaille d'argent grand module, pour leurs appareils à lessive et leurs autres appareils d'économie domestique; enfin M. Charles une médaille de même ordre pour ses buanderies économiques.

Les appareils de M. Thorel et ceux de MM. Bouillon et Muller, qui peuvent recevoir les plus petites dimensions ou prendre de telles proportions qu'ils exigent des locaux particuliers, nous amènent à parler de la classe des constructions civiles. Nous avons rappelé ailleurs les industries bien méritantes de M. Borie, qui fabrique les nouvelles briques tubulaires, et de M. Hardouin, dont le carton-pierre fournit de si précieux ornements. Mais je rencontre encore parmi les noms parisiens quelques industriels dont les tentatives, pour ouvrir à l'architecture des voies nouvelles et offrir à l'art de construire des ressources jusqu'ici peu ou point connues, doivent être signalées : je veux dire M. Larivière, M. Lippmann, MM. Coignet frères et enfin M. Ruchet.

Ce que je veux citer ici de M. Larivière, ce n'est pas l'exploitation active et intelligente qui a fait faire un si grand pas à l'industrie courante des ardoisières d'Angers, ce sont les applications nouvelles de l'ardoise, applications qui s'opèrent, surtout à Paris, dans ces proportions si vastes que la capitale donne aux objets dont l'utilité lui est révélée : dallages d'églises, bancs et guéridons de jardin, caisses d'orangers, crèches et mangeoires pour chevaux, cadrans solaires élégamment montés; que sais-je ? l'ardoise polie et taillée se prête à plusieurs des usages du marbre, sans en avoir la fragilité ou en atteindre le prix; du bois ou du fer, sans en avoir les inconvénients. Ce sont ces applications diverses, importantes et toutes nouvelles de l'ardoise, que le jury de l'exposition de Bordeaux a surtout voulu récompenser en accordant à M. Larivière la plus haute de ses distinctions, le diplôme d'honneur.

Nous signalerons avec une égale assurance et les parquets et les maisons mobiles de MM. Ruchet et Ce. Six cents ouvriers constamment occupés, un outillage considérable, les machines les plus perfectionnées, des approvisionnements immenses lui permettent de fournir, dans des conditions de prix vraiment surprenantes, depuis les parquets massifs les plus riches jusqu'aux planchers les plus ordinaires en chêne ou en sapin (1). Un système particulier d'assemblage, l'emploi de clefs pour assurer la solidité, une grande variété de dessins sont autant de marques de supériorité qui ont frappé le jury bordelais. Quant aux maisons mobiles et aux chalets suisses, les élégantes constructions du bois de Boulogne montrent ce qu'on peut attendre de ce genre pittoresque, comme l'église Notre-Dame-des-Champs, construite entièrement en bois dans les ateliers de M. Ruchet, prouve le succès d'une innovation hardie qui fait honneur à cet habile industriel (2).

(1) Le but actuel de l'entreprise n'est pas seulement la construction, mais l'emploi du bois en général. Elle embrasse une foule de branches, les unes spéciales, les autres complémentaires : charpente, menuiserie, parquetage, découpage, sculpture, etc.

(2) Les constructions en bois réclament un genre d'architecture particulier qui a ses caractères typiques aussi clairs, aussi facilement saisissables que les styles grec, romain, gothique ou renaissance. En feuilletant les grands ouvrages publiés en Suisse sur les chalets, il est aisé de voir que le style particulier des constructions en bois a eu son temps d'enfance, ses jours brillants et sa décadence. Un point curieux à observer, c'est le profil tout spécial

Je n'oserais me prononcer aussi fortement en faveur de deux essais dont la pratique a constaté la possibilité : grand point sans doute, mais non le seul à obtenir.

M. Fr. Coignet emploie les bétons à base de chaux, agglomérés et rendus compactes par des pressions fréquemment répétées, pour fabriquer, sans joints ni fissures, ici des silos pour la conservation du blé et des maisons incombustibles, là des dallages ou des ponts, ailleurs des réservoirs, des aqueducs, des toitures de toutes formes, des digues et des jetées : ces constructions diverses sont autant de véritables monolithes obtenus à l'aide d'une pâte de pierres qui prend sa forme dans des moules et sèche rapidement sans craindre ni les intempéries des saisons, ni, en certains cas, l'action dissolvante de l'eau de la mer. Des expériences faites jusqu'ici, paraît-il, avec succès, n'attendent plus que la lente consécration du temps.

De leur côté, MM. Lippmann, Schneckenburger et Ce, qui cherchent aussi à faire des maisons pour les pays où manque la pierre, ont inventé une pâte qui, moulée, prend l'aspect du marbre; d'où le nom du nouveau produit, le similimarbre. Cette matière, qui se prête facilement à toutes sortes d'ornementation, puisqu'elle se moule, a sur le plâtre le très-grand avantage d'être hy-

---

que gardent toujours tous les ornements taillés dans le bois par les charpentiers-architectes de toutes les époques. Ils ont leur caractère propre, aussi tranché que l'est, par exemple, celui de l'ogive gothique ou du plein-cintre roman. Ce n'est pas certes le calcul qui a guidé ces modestes artistes, pas plus qu'il n'a guidé le génie de l'auteur du dôme de Saint-Pierre à Rome : ils ont obéi à je ne sais quel instinct qui les a merveilleusement servis. Leur trait de scie ou leur coup de ciseau ont suivi tel ou tel contour et n'en pouvaient sortir. De là tout un style, dont l'étude est peut-être trop dédaignée des théoriciens.

drofuge, par conséquent de pouvoir se laver et supporter toutes les variations atmosphériques. Approprié ainsi aux exigences de l'architecture qui peut employer avec économie les moulures, corniches et ornements en similimarbre, ce produit, employé sous forme de panneaux pleins ou creux, faciles à assembler, peut servir même à construire des maisons entières : nous avons vu nous-même une habitation n'occupant pas moins de 236 mètres de superficie, dont les murs, cloisons, corniches, consoles, balustrades et plafonds étaient formés de pièces mobiles en similimarbre. Démontée, demandant alors peu d'espace et pesant relativement assez peu, cette maison était destinée à l'exportation pour les pays chauds auxquels elle semblait parfaitement convenir.

De ces combinaisons et de ces manipulations, empruntées à la chimie pratique, nous passons sans autre transition à des produits que la même science, appliquée à d'autres substances, a créés aussi et perfectionnés : ici, je rencontre les noms de M. Courtois et de M. Houette, qui ont obtenu l'un et l'autre une grande médaille d'argent pour leurs cuirs vernis ; là M. Martin-Delacroix et MM. Baudouin frères, dont les toiles cirées ont été jugées dignes d'une médaille d'argent de deuxième classe.

Si, après ces applications de la chimie industrielle, je cherche les produits qui reposent sur les lois de la physique mise au service de nos besoins, je vois M. Mondollot dont les appareils à eau de Seltz sont si connus et si recherchés sous toutes leurs formes, simples ou riches, sous le nom de gazogènes-Briet ; M. Penant, qui a doté la cafetière de tant d'ingénieux perfectionnements ; M. Grellet, dont les chocolatières ont le double mérite de faciliter la parfaite cuisson du chocolat et de n'exiger aucune surveillance ; enfin M. Moriac, qui a emprunté à l'hydrostatique ses lois usuelles pour fabriquer de charmants petits jets d'eau d'appartement, et qui, pour répondre à un besoin nouveau, probablement plus durable qu'une simple mode, fabrique aussi ces élégants aquarium déjà si répandus.

Je reconnaîtrais mal les services que me rendent chaque jour et l'encre et les crayons, et les plumes et le papier, si je ne mentionnais encore ici avec éloges l'encre de M. Tournier, les crayons de M. Loizeau, les plumes de M. Blanzy, et enfin le papier à lettre si heureusement disposé pour les correspondances secrètes par M. Cabasson qui, demandant à l'Angleterre un nom pour son utile produit, le nomme *discreet-paper*. M. Girard, de son côté, a inventé, sous le nom grec de *biblorhapte* ou livre couseur, un ingénieux appareil pour classer et relier soi-même toutes sortes de papiers, lettres, musique, écrits périodiques, etc. Enfin M. Latry, dont nous avons cité ailleurs les remarquables produits moulés en pâte de bois ou bois durci, nous présente ici ses cartes dites *cartes porcelaine au blanc de zinc*. La substitution du zinc au plomb dans la fabrication de ces cartes a longtemps paru aussi impossible qu'elle était désirable dans l'intérêt des ouvriers; cette substitution est aujourd'hui un fait accompli; et, depuis cinq ans que M. Latry dirige son usine de Grenelle, aucun des vingt-cinq ouvriers qu'il emploie à cette fabrication spéciale n'a été atteint de ces maladies habituelles et implacables pour ceux qui ont à manipuler le plomb. Au point de vue de l'humanité, on ne saurait donc trop féliciter M. Latry de donner à cette industrie, qui lui fait honneur, l'impulsion rapidement progressive qu'il lui donne, et dont la meilleure preuve est l'écart qui se trouve entre le nombre de cartes vendues en 1855 et en 1858; le produit s'en est élevé, en quatre ans, de 9,000 à 70,000 francs; espérons que ce chiffre s'augmentera d'autant plus chaque année que les difficultés du début ont été plus heureusement surmontées.

Nous terminons ici notre travail sur l'Exposition de Bordeaux, travail dont l'opportunité n'a pas cessé avec la circonstance qui les a fait naître, puisqu'ils ont eu pour but de montrer combien est vivace et ardente au progrès notre industrie, l'une des gloires comme l'une des richesses de la France (1).

(1) MM. Bisson frères, à qui l'on doit déjà l'*Album photographique de l'Exposition de Rouen*, ont reproduit aussi par la photographie les principaux aspects de l'Exposition de Bordeaux. Le nom de MM. Bisson est la meilleure garantie du talent avec lequel ces habiles artistes ont rempli la tâche qui leur était confiée.

FIN.

Paris. — Imprimé par E. Thunot et Cⁱᵉ, 26, rue Racine.

EN VENTE

Chez les Éditeurs DIDIER et Cⁱᵉ, 35, quai des Augustins

La grammaire française et les Grammairiens du XVIᵉ siècle, par Ch.-L. Livet. 1 vol. in-8°. 7 50

Ce volume, honoré d'une importante souscription de S. Exc. le Ministre de l'Instruction publique, fait connaître par des analyses, des traductions et des *fac-simile* les théories grammaticales dont notre langue a été l'objet au XVIᵉ siècle. Dubois, Meigret, Des Autels, Pelletier, Ramus, Garnier, Pillot, Abel Mathieu, Robert et Henri Estienne, tels sont les principaux grammairiens dont les œuvres sont analysées. Un appendice fait connaître les travaux de Claude de Saint-Lien et de Théodore de Bèze; enfin, la comparaison de trois lexiques, publiés à quelques années de distance, montre d'après quelles lois s'est opérée la transformation qu'ont subie les mots français pour arriver à leur forme définitive.

Précieux et Précieuses, caractères et mœurs littéraires du XVIIᵉ siècle, par Ch.-L. Livet. 1 vol. in-8°. 7 »

Choix d'études sur l'Hôtel de Rambouillet, Bois-Robert, mademoiselle de Gournay, l'abbé Cotin, etc.

Histoire de l'Académie française, par Pelisson et d'Olivet, avec une introduction, des éclaircissements et des notes, par Ch.-L. Livet. 2 vol. in-8°. 14 »

Grand Dictionnaire général des Dictionnaires français, résumé de tous les dictionnaires, par N. Landais, 15ᵉ édit., revue et augmentée d'un *Complément* de 1200 pages. 3 vol. réunis en 2 vol. gr. in-4° de 5000 pages. 40 »

Complément du grand Dictionnaire de Napoléon Landais, par une société de savants sous la direction de MM. D. Chesurolles et L. L. Barré. 1 vol. in-4° de près de 1200 pages à 5 colonnes. 15 »

Petit Dictionnaire des Dictionnaires français, par Napoléon Landais. Ouvrage *entièrement refondu*, et offrant, sur un nouveau plan, la nomenclature complète, la prononciation nécessaire, la définition claire et précise, et, *pour la première fois*, dans un Dictionnaire portatif, *l'étymologie* vraie de tous les mots du vocabulaire usuel et littéraire, et de tous les termes scientifiques, artistiques et industriels de la langue française, par M. D. Chesurolles (*édition galvanoplastique*). Nouv. édit. 1 très-joli vol. in-32 de 600 pages. 2 »

Paris. — Imprimé par E. Thunot et Cⁱᵉ, 26, rue Racine.

www.ingramcontent.com/pod-product-compliance
Lightning Source LLC
Chambersburg PA
CBHW060140100426
42744CB00007B/839